황학만의 그림으로 읽는 성서에세이 II

아사셀을 위한 염소

아사셀을 위한 염소

초판 발행일 : 2024년 11월 1읽
지은이 / 황학만
발행인 / 김윤환

펴낸곳 / 열린출판사
등록번호 / 제2-1802호
등록일자 / 1994년 8월 4일
주소 / 경기도 시흥시 하중로 203*3층)
전화 / 02-2275-3892

ISBN 978-89-87548-42-5 03230

값 30,000원

황학만의 그림으로 읽는 성서에세이 II

아사셀을 위한 염소

"짐승의 울부짖음을 타고 속살거렸다. 40일 금식이라면 생사의 갈림길이다.
어차피 때가 되면 물고기와 보리떡 몇 개로 4천명도, 5천명도 먹일 건데 이대로 굶어 죽는다니, 돌로 떡을 만들어 먹지 말라는 계명은 없지 않은가?"

(p.125 「아사셀을 위한 염소」)

〈아사셀의 염소〉 부분
Oil on Canvas
91×65cm
2023

■ 서문

예술가들에게 창작영감이란 세상의 영으로부터 받은 감흥이다. 예술가들이 부단히 송출하는 메시지는 인간의 정신세계에 지표가 되고 그 반향의 문화는 다시금 예술가에게 새로운 세계를 꿈꾸게 한다. 그 순환의 변모에서 인간은 '인간만세'을 부르고, 세상의 영은 영광을 받는다. 그것이 하나님동산을 떠난 땅에서의 인간사다.

그런 점에서 예술과 예술적 행위는 제의와도 같고, 예술가는 제사장과도 같다. 그런 세상영광에서 탈출은 오직 죽음뿐이라 할 때, 살아서 겪는 불가사의한 죽음이 회심이다. 그리스도인에게서 예술가란 운명과도 같아서 그에 따른 예술은 세상으로부터 받을 찬사도, 영광도 아니다. 오직 하나님과 덧없는 인생들 사이에 제사장으로써 소명이다.

시·공간에 무수한 인류가 오갔어도 하나님께서는 언제나 영원이라는 시점에 계시며 자신을 알파와 오메가로 천명하신다. 작품이 초현실주의적인 사유다. 그에 따른 데페이즈망dépaysement은 시간적 제의와 공간적 이적들을 담는 초현실적인 구속사의 표현이다.

앞서 출판한 『골고다에 핀 나팔꽃』에 이어 『아사셀을 위한 염소』에 이르기까지 총 100편의 수상隨想과 130점의 회화작품을 담았다. 입체 물을 연속 배열하여 창조세계 질서를 정형화한 미니멀리즘minimalism 형식의 [공간 배열]과, 시·공간 너머를 들여다보고자 했던 초현실주의surrealism 형식의 [출구]다.

제1부 하늘 농부

모든 생명체들이 종국에는 흙으로 돌아갈 때, 인생은 어디로 가는가 하는 물음을 담은 [귀로]는 창작 초기의 주제다. 사람과 사람 사이에서 울고 웃다가 떠날 인생에게 지언이란, 인간 실존의 무상함과 존재 목적을 일깨우는 삶의 현장이라는 주제다.

제2부 막힌 출구

출구 없는 죽음의 문턱에서 배회할 기회가 있다면, 그 경계에서 마주하게 되는 '막힌 출구'는 비현실적 경험의 내러티브narrative다. 개개인의 환경이 하나님은총의 시·공간임을 차마 생각 못할 지라도 출구는 불가사의한 '자기 부인自己否認'의 회심이라는 설정이다.

제3부 비아 돌로로사

예수께서 예루살렘에 오르실 때 외치던 '호산나'는 "예수를 십자가에 못 박으라"는 외침으로 바뀌었고, 사도들마저 달아났다. 구원은 해마다 유월절 어린양 잡던 그들에게 조차 '막힌 출구'였다. 언약 백성은 그 출구를 열도록 그리스도를 비탄의 길로 몰았다.

제4부 해골산의 케루빔

『유대의 왕 나사렛 예수』 팻말이 걸린 예루살렘 '골고다'는, 지성소 법궤의 시은좌施恩座다. 마지막 유월절 캄캄해진 하늘 아래서 심장이 찔린 예수께서 피를 쏟으셨고, 지성소를 가로막던 휘장이 갈라졌던 역사적 주제다.

'아사셀' 세상에서 제비 뽑힌 염소는 우리 죄 짐을 지고 사지로 떠나는 그리스도시다. 그 소식은 망자의 무덤 같은 세상 끝자락에서 울고 있는 이들에게 유일한 소망이다. 그 이야기를 담아 사랑하는 이들 앞에 내놓는다.

2024년 가을에 황학만

■ 차례

제3부 비아 돌로로사

제4부 해골산의 케루빔

제1부 하늘 농부

《공간 배열 - 네 개의 컵》 Oil on Canvas 100×100cm 2022

작품 '공간 배열'

《공간 배열》은 1980년대 후반부터 해오던 작품형식이다. 물체는 공간이라는 전제조건에서 존재한다. 화면의 물체들은 평면화된 공간과의 상치관계일 때 비로소 긴장감이 조성되며 물체는 생명력을 갖는다. 그것이 2차원적 단면에 표현되는 회화로서 공간배열의 작품형식이며, 그 가운데 질서의 미美를 담고자 했다.

우주와 지상에 산재한 삼라만상은 물체의 특징으로서 존재 양식이다. 자전하는 지구에 달이 공전하고 행성들이 태양을 회전하며 태양계를 형성하듯이, 우주 가운데 모든 별들은 운행질서를 유지한다. 그 가운데 지상의 모든 생명체는 창조목적과 질서 원리를 따라 탄생과 소멸이 반복된다. 그 운동의 명징은 공간이 시간과 불가분의 관계라는 피조세계의 생성원리다.

만물은 빛이 있음으로써 비로소 명암을 갖는다는 점에서 '빛과 그림자'란, 형체의 입체적이고 독립적인 존재성의 실증적 현상이다. 《공간 배열》 주제의 작품들은 그러한 사유에서 제작한 것으로서 깨질 것 같은 유리컵은 긴장감을 더하는 생명력이다. 그 가운데 우리 인생의 궤적을 담은 작업이 《공간 배열》 시리즈다.

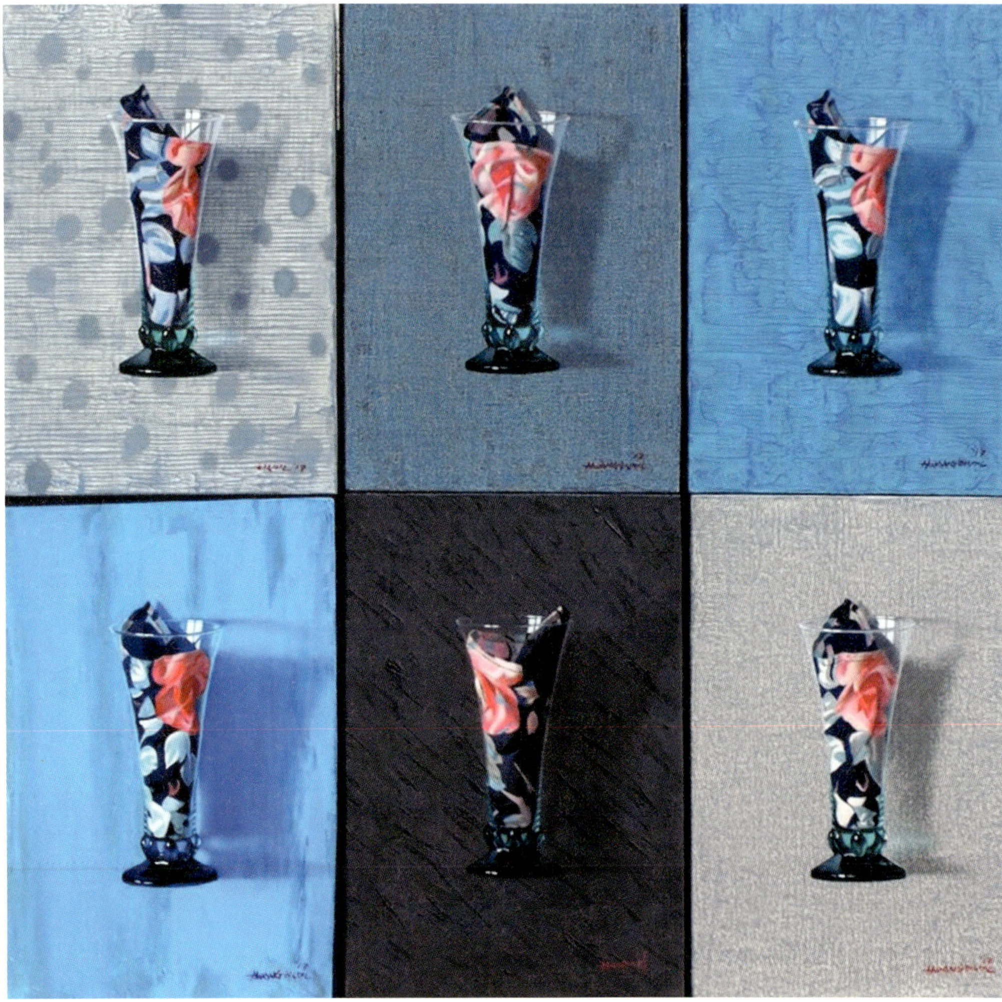

《여섯 개의 유리컵》 Oil on Canvas 40.5×73cm 2017

여섯 개의 유리컵

한 평면에 같은 물체를 배열함으로써 평면과 물체간의 긴장상태가 형성되고 질서의 아름다움이 조성된다. 이 작품은 그중 하나로서 여섯 개 소품이 모여 한 작품이 되었다.

스카프가 담긴 같은 컵이라도 배경색에 따라 느낌은 다르다. 그것들을 하나로 모아 통일성을 이루는 가운데 다양한 배경의 색채가 어우러져 풍성한 아름다움을 발산한다. 나열된 컵들은 시대와 환경이 다를지라도 때가 되면 사라질 인생의 메타포다.

인간이 영적존재라는 점에서 떠남이란 소멸이 아니라 흩어짐이다. 피차 상면할 일도, 그렇다고 딱히 갈 곳도 없는 처지가 종말로 귀결되는 인생이다. 그 어둠으로 떠나보내는 이들이 그 날만큼은 검정의상을 하고 비통한 회합을 한다. 그런 운명임에도 창조주께서 땅위에 은총을 베풀 듯이 창작자의 손 또한 작품마다 생명을 불어넣어 또 하나의 예술작품을 완성한다.

예수께서 제자들의 흩어짐을 앞두고 간절히 기도하셨다. "나는 아버지께 가오니, 거룩하신 아버지여 내게 주신 아버지의 이름으로 그들을 보전하사 우리와 같이 그들도 하나가 되게 하옵소서."(요17:11) 그 하나 됨이 에덴동산에서 깨졌기에, 새 아담으로 오신 그리스도의 기도는 더욱 간절했다.

《공간 배열 12-1》 Oil on Canvas 194×130.3cm 2020

생명의 '빛'

시각예술의 조소彫塑가 명암으로 드러나는 입체적 형태이듯이, 회화繪畵는 색상으로 드러나는 평면상의 형태다. 무용이 신체율동을 시간에 담은 시각예술이듯이, 영화역시 시각예술로서 시간에 담은 빛의 영상이다. 그렇듯 '빛'과 '색'으로 표현되는 시각예술은 하나님형상에 따른 인간의 창조행위다.

삼라만상의 명암과 색상을 밝히는 '빛'은 프리즘을 통해 무지개로 분해된다. 그 핵인 '빨강, 파랑, 초록'이 '빛의 3원색'이다. 그러나 만물에서 인식되는 색은 빛의 반사로써 그 핵심색상 '빨강, 노랑, 파랑'이 '색의 삼원색'이다.

물체마다 삼원색간의 혼합정도에 따라 제색을 드러내고, 삼원색이 혼합되면 될수록 색상은 사라지고 어두운 무채색이 된다. 빛에는 흰 색이 없듯이 검정은 색상이 아니라 '어둠'이다. 빛이 있어야 만이 비로소 만물은 제 색깔과 형체를 드러내지만, 그 색상혼합은 빛과 상반되게 만물을 덮는 어둠이라는 이야기다.

태초에 하나님의 일성은 "빛이 있으라!"였다. 태초는 시간의 시작이며 빛은 공간의 탄생이다. 그렇듯 창세기를 여는 첫 단어 '태초'는, 영원에서 시간과 공간의 시작임을 가리킨다. 하나님께서 그 빛을 낮이라 부르시고, 어둠을 밤이라 부르셨다.(창1:1~5) 그렇다. 빛이 있음으로써 사라지는 어둠은 공허와 혼돈이다.

사도'요한'은 '창세기 서두'를 인용하며 그리스도의 정체를 규명한다. 태초에 "빛이 있으라" 선언하신 그 말씀자체가 독립된 또 하나의 인격적 존재로써 하나님이라는 사실과, 만물이 그로 말미암아 창조되었다는 선언이다.

또 한편으로는 그 말씀 안에 '생명'이 있고, 그 생명이 '사람들의 빛'이라 한다. 그렇듯 창세기는 광명체가 창조되기도 전에 빛이 있었다는 것과, 하나님께서 빛과

《세 개의 컵 (2)》 Oil on Canvas 73×38cm 2012

어둠을 낮과 밤이라고 부르셨다는 점에서 창조세계는 가시세계와 영적세계의 복합성을 계시한다.

사도 요한은 세례자 요한이 '그 빛'에 대하여 증언하러 온 자라고 밝히며, 그 '참빛'이 세상에 와서 각 사람에게 비추었음에도 세상이 그를 알지 못했다고 증언한다. 그렇다. 하나님을 본 사람은 없으나 아버지 품에 계신 독생獨生하신 하나님께서 흑암의 땅에 빛으로 나타나셨다. 그 사건은 태초에 세상을 창조하신 형태가 저주 아래 있는 땅에 재현되는 경이로운 구조다.

예수께서 땅위에는 가시와 엉겅퀴가, 사람심령에는 독가시가, 육체에는 온갖 질병의 가시가 죽음을 재촉하는 사망의 땅에 '참 빛'으로 오셨다. 태초에 "빛이 있으라" 선포하신 그 '말씀'이 그리스도와 연합된 이들을 "너희는 세상의 빛"이라 규명한다. 그러므로 여호와의 영광이 임했던 그들은 어두운 세상에서 구별해 내신 '빛의 아들들'이다.(사60:1)

만물의 실체가 드러남으로써 존재하는 3원 일체로서 빛은, 하나님의 존재론적 속성이 반영된 창조원리다. 그것이 인생들에게 주시는 창조주의 묵시적 은총이라면, 노아에게 보이신 무지개 빛깔의 질서와 연합 역시 생명이 창조주로부터 비롯됨을 규명하는 또 하나의 묵시다.

그러므로 예술가의 창작은 하얀 캔버스나 오선지에서 창조주 형상을 기뻐하고 그를 영원토록 즐거워하는 제사장적 행위다. 그렇듯 만물 역시도 빛을 발하고 소리치며 꽃을 피워 생명이 창조주께 있음을 반향하는 것이다.

시간에서 영원으로

부활이 없다 하는 사두개인들이 예수께 모세의 '계대 법'을 들어 트집을 잡으려 했다. 어느 칠형제가 있었는데, 맏이 아내와 사이에 상속자 없이 죽고, 둘째를 비롯해서 모두가 그렇게 죽어 자식하나 없는 여인은 부활할 때 누구의 아내인지 질문이다. 그때는 장가도, 시집도 가지 않는 하늘의 천사들과 같다고 예수께서 대답하셨다.(막12:13)

예수께서 부활하시고 난 그 새벽 미명에 '막달라 마리아'는 무덤에 가서 시신이 있던 자리에 앉아있는 두 천사를 보았다. 그녀가 왜 우는지 천사가 묻는 말에 사람들이 내 주님을 어디로 옮겼는지 모르겠다며 뒤를 돌아보자 예수께서 누구를 찾느냐고 물으셨다. 마리아는 당신이 옮겼거든 그곳이 어딘지 가르쳐주면 가져가겠다고 말했다.(요20:11~15)

두 제자가 예루살렘에서 '엠마오' 마을로 가며 대화를 나누는데, 예수께서 그들 곁에 다가가 무슨 이야기인지 물으셨다. 그들이 슬픈 기색으로 사흘 전 예루살렘에서 일어난 일을 모르느냐고 되묻고는 예수의 처형이야기를 했다. 날이 어두워지자 마을 민박집에서 함께 식사할 때, 예수께서 빵을 들어 축사하시고 그들에게 떼어주셨다. 그들은 그제서 예수이신지 알았으나 예수께서는 이미 사라지셨다.(눅24:13~35)

예수께서 천국은 시집 장가 가는 곳이 아니라고 천명闡明하셨다는 것과, 부활하신 후에는 마리아도, 제자들도 알아볼 수 없도록 변하셨다는 것과, 부활하신 예수께서는 시공간의 제약을 받지 않는다는 사실이다. 땅에서는 생육, 번성, 충만 이라는 창조 법칙에 따라 시집 장가 가서 자식 낳고 집짓고 살지만, 천국은 만유인력의

《귀로》 Oil on Canvas 72.7×53cm 1991

법칙을 따르다 종말에 사라질 지구 같은 곳이 아니다.

그 점을 받아드리지 못한다면, 어린아이 때 죽었다거나, 선천적 신체장애자였다거나, 남자 여자였다고 해서 천국에서도 그 모습일 거라고 믿게 됨으로써 성경이 오류 투성이라고 믿어야 하는 자가당착을 면치 못한다.

천국은 갓 난 증손자도, 본 적 없는 고조부도, 아담마저도 나이가 없는 영원의 세계다. 그럼에도 나를 낳아준 부모나 일찍 떠난 어린 자식을 그곳에서도 그 모습, 그 관계로 만날 거라는 믿음이나, 선한 일을 많이 한 상급으로 천국에 대궐 같은 집이 예비 되었다는 발상은 지극히 이교적일 수밖에 없다.

랍비 '니고데모가'는 바리새인으로서 부활을 믿고 있었음에도 의문을 풀 수 없어 사람 눈을 피해 밤중에 예수께 찾아왔다. 예수께서 그의 심중을 아시고 그가 묻기도 전에 가르치셨다. "사람이 거듭나지 않으면 하나님 나라를 볼 수 없느니라." "모태에 들어갔다가 다시 나옵니까?" "사람이 물과 성령으로 나지 않으면 하나님 나라에 들어갈 수 없느니라."(요3:1~5)

히브리인들은 갈라진 홍해를 건넘으로써 하나님 백성이 되었고, 그 후손들은 살점을 도려내는 할례로써 그 백성이 되었다. 그렇다면 그들에게서 요구되는 '거듭남'이란 성령에 의해서만이 가능하다는 말씀이다. 흙에서 온 아담이 하나님과 단절됨으로써 모든 사람이 흙으로 돌아갈 수밖에 없는 운명이라면, 그 영혼은 어떻게 몸 없이도 부활한다는 건지, 그에게는 의문이었다.

나사로가 병들어 죽게 되었다는 전갈을 들으신 예수께서 이틀이나 지나서 우리 친구 나사로가 잠들었으니 깨우러가겠다고 하셨다.(요11:1~16) 그가 잠들었으면 낫겠다고 제자들이 말하자, 예수께서 그가 죽었다고 고쳐 말씀하셨다. 정작 베다니 마을에 가보니 나사로는 무덤에 안치한지 나흘이나 되므로 썩은 내가 났다.

예수께서 마르다에게 "네 오라비가 살아나리라" 하시자 그녀는 "마지막 날, 부활 때는 다시 살아날 줄 아나이다." 대답했다. 랍비도 아닌 그녀가 인류 종말을 알 뿐더러 부활도 믿고 있었다는 사실이 놀랍다. 그러나 오라비의 죽음은 현실이었다.

예수께서 마리아에게 이르시기를 "나는 부활이요, 생명이니, 나를 믿는 자는 죽어도 살겠고, 무릇 살아서 나를 믿는 자는 영원히 죽지 아니하리라, 이를 네가 믿느냐?" 그녀가 대답했다. "주는 그리스도시요, 세상에 오시는 하나님의 아들이신 줄 내가 믿나이다." 마르다의 고백은 베드로가 했던 그 고백이었다.

죽어도 살겠고, 죽지 않았다면 영원히 죽지 않는다는 그 진리가 덧없는 인생을 사망에서 자유하게 했음을 사도가 선포한다. "보라! 이전 것은 지나갔으니 새것이

《귀로》 Oil on Canvas 72.7×53cm 1991

되었도다."(고후5:17) 사망의 땅에서 영멸로 달려가는 존재에 영혼이 소생한 것이다. 성령으로 오신 마지막 아담은 머리 둘 곳 없이 사시다가 끝내는 백성들에 의해 고난의 잔을 마셨는데, 그리스도와 함께 죽어 그와 연합된 인생이 영멸을 구가하는 세상에서 과연 함께 노래하며 살아갈 수 있을까?

시간에 존재하며 영원에 잇대인 불가사의한 삶이니 오죽할까마는. 그리스도와 함께 죽어 그와 연합된 존재다보니 그럴 수밖에, 그리스도인이란 그런 거다. 제자들 누구하나 궁금해 하지 않은 거듭남의 비밀을 니고데모가 물었고, 마르다가 믿는다고 고백했다.

시공간과 영원 사이에 죽어도 살겠고 산 자는 영원히 죽지 않는 그 비밀이 나사로의 부활로써 공개되었다. 그 소식은 절기로 모여든 백성들에게 삽시간에 전파되어 예루살렘성내는 술렁거렸다. 그럼에도 그들은 끝내 그리스도를 죽였는데, 하물며 2천년이 지난 오늘날이야 오죽하랴.

콘스탄티누스처럼 정치적 수단으로 삼거나, 마르크스주의자들처럼 박멸에 나서는 수밖에. 그리스도에게 그랬듯이 그들을 제거해야 영멸의 세상에서나마 가시 숨긴 유토피아 세상을 건설할 수 있으니, 부활 생명의 영광과 사망의 흑암과의 충돌은 필연이다. 그 격랑에 그리스도인의 지난한 삶은, 때로는 순교로 끝을 맺기도 한다.

《귀로》 Oil on Canvas 22×23cm 1994

하늘 농부

'장 프랑수와 밀레'는 꿈꾸던 예술가명성을 접고 파리를 떠난 후 평생에 '바르비종' 농촌풍속화를 남겼다. 그럼으로써 오히려 바르비종파派를 대표하는 화가로 명성을 얻었다. 그를 각별히 흠모하던 화가는 후기인상파의 한 축인 '빈센트 반 고흐'였다. 밀레는 파리를 떠나 농부들 곁에서 그림을 그렸고, 그를 흠모하던 고흐는 그가 섬기던 교회에서 파직되어 화구를 짊어지고 농촌 들녘을 헤맸다.

밀레는 '나오미와 두 며느리'를 연상케 하는《이삭줍기》, '보아스'가 '룻'에게 은혜 베푸는《추수 후의 휴식》, 일과를 마친 부부의 감사기도《만종》, 황혼 깃든 초원의 목자《양치기 소녀》등, 농촌 풍경에 스며있는 하나님 은총과 성경 이야기를 중첩해서 목가적인 풍속화를 남겼다.

그의 작품 중에《씨 뿌리는 사람》이 있다. 한낱 씨를 뿌리는 사람이었음에도 고흐는 그 농부를 모사하거나 인용한 작품을 십여 점이나 남겼다. 예술가로서 타인 작품을 모사해서 자기 작품으로 남기는 예는 찾기 어려운데, 그는 무슨 까닭에 그토록 밀레의《씨 뿌리는 사람》에 집착했던가.

'씨 뿌리는 사람'은 예수께서 천국을 비유로 설파하실 때 가르치신 '하늘 농부'다. 예수께서는 돈에 눈먼 제자로부터 죽음에 팔리고 제자들은 모두 달아났는가 하면 백성들마저 십자가 처형에 가세함으로써 결실을 얻지 못한 하늘 농부였다. 그처럼 고흐가 밀레의《씨 뿌리는 사람》에서 본 것은 교회 강단에서 배척당하고 들판을 헤매는 자신의 모습이었다.

아내는 학창시절 조각가 '권진규' 작업실에 몇 차례 놀러간 이야기를 종종 했다. 6·25전쟁으로 피폐했던 환경에서 벗어나려 안간힘을 쓴던 그 시절은 예술가들에게도 말할 수 없는 고난의 시기였다. 금속이 귀했던 탓에 그의 작품은 거의가 진흙을 구은 '테라코타'였으나, 그중 감정이 절제되고 더할 수 없이 아름답게 빚어진 《남자두상》이 있다.

그가 빚어놓은 두상의 숭고함에서 흙으로 빚은 첫 사람 '아담'이 연상되었는데, 머리를 밀고 재를 뒤집어쓴 '욥'과 오버랩 되어 떠오르곤 했다. 하루아침에 아들이 모조리 살해당한 데다 재산은 강탈당하고 불살라진 알거지 신세 욥. 그에게 찾아온 것은 전신에 돋은 악창과 집요하게 회개를 재촉하는 세 친구였다. 작품 왼쪽에 욥과 마주한 '공기 돌' 셋이 그 이미지다.

왜일까? 아내 말대로 하나님을 욕하고 죽어버릴까? 오른편으로 누워도 왼편으로 돌이켜도 하나님은 찾을 수 없는 그에게 충심어린 세 친구의 고언은 악창을 찔러대는 가시바늘이었다. 참담한 지경에서 하나님을 찾던 욥의 귀에 문 듯 하나님 음성이 들렸다. "내가 땅에 기초를 놓았을 때 너는 어디에 있었나? 너의 억울한 까닭을 밝혀보겠다고 나와 대면하겠다니, 네가 대체 무언가?

죽음의 변죽에서 뒹굴던 30세, 그때 그랬다. 벼랑 끝에서 온몸을 긁어대던 욥은 흙에서 와서 바람처럼 사라질 한줌의 재였다. 풍문으로만 듣던 주를 뵈었으니, 이제는 족할까? 그래, 영광을 꿈꾸던 머리를 밀자. 재를 뒤집어쓰고 드러누워 제 얼굴에 떨어질 허공에 침을 뱉자.

고흐가 밀레의 《씨 뿌리는 사람》에서 고달픈 자신을 보았듯이, 권진규의 《남자두상》에서 머리를 밀고 재를 뒤집어 쓴 또 하나 아담을 보았다. 그는 흙에서 왔다가 한 줄기 바람에 살아질 재였던 것이다. 그리고는 욥처럼 읊조렸다. "내가 가는 길을 그가 아시나니, 그가 나를 단련하신 후에는 내가 정금正金같이 되어 나오리라."

《정금의 욥》 Oil on Wood 22×23cm 2021

《공간배열- 비 오는 날》 Oil on Canvas 162.2×130.3cm 2018

한나와 요나, 그리고 욥

1886년 교계에서 사용되었던 어린이용 캘린더《한나와 요비》이야기다. 사사士師시대 말에 야훼께서 사랑하셨던 '한나'는 자녀를 낳지 못하는 석녀石女였다. 그럼에도 남편으로부터 각별한 사랑을 받았고, 그 연유로 또 다른 아내에게 모진 핍박을 받던 슬픈 여인이다. 그녀는 견디다 못해 성막에 가서 야훼 앞에 통곡했다.

그러던 중에 깨닫게 된 것은 야훼께서도 백성들로부터 멸시받고 계신다는 사실이다. 패악한 백성과 하나님 뜻에 무심한 제사장을 두신 야훼의 슬픈 심정이 그녀의 처지에 투영되어 그토록 고난을 겪었던 것이다. 하나님께 통한을 토로하던 그녀는 아들을 낳아 야훼께 드리겠다고 서원하고는 울음을 멈췄다.

한나가 '사무엘'을 낳아 젖을 떼자 제사장 '엘리'에게 보내어 그녀의 서원대로 제사장으로 살게 했다. 그렇게 성장한 사무엘은 백성들이 왕을 요구할 때, '사울'과 '다윗'의 머리에 기름 부어 왕정시대를 연 제사장으로써 선지자와 사사士師의 직무를 도맡아 야훼의 뜻을 구현했다. 그렇듯 암담한 시대에 한나는 하나님과 마음이 통한 여인이었다.

그것이 딸을 낳아 '한나'로 이름 짓게 된 계기다. 이듬해 아들을 낳고 딸 이름을 따라 끝 자 돌림 '요나'로 지었다. 그랬더니 주변에서 하나같이 말렸다. 하필 불순종의 선지자냐는 것이다. 그렇다. 요나는 분명 사명을 거절하고 달아난 못된 선지자였다.

그는 이스라엘 원수에게 심판은커녕 되레 용서하시려는 야훼의 뜻이 너무도 싫었던 것이다. 그가 지중해건너편 '다시스'로 달아나려고 '욥바'에서 배를 탔으나 항해 중 예기치 않은 돌풍을 만났다. 배가 뒤집힐 위기에 처하자 선원들은 그 까닭을 찾기에 이르렀고, 제비 뽑힌 요나는 하나님 뜻을 거역한 결과였음을 실토했다. 그는 모두가 살기 위해 바다에 내던져지고 말았다.

야훼께서 큰 물고기를 예비하셨다. 요나는 물고기 배 속에서 사흘 밤낮을 회개함으로써 육지에 토해져 '아시리아' 드넓은 성 '니느웨'으로 달려가 소리쳤다. "40일 후에 니느웨가 무너진다! 무너진다!" 사흘을 다녀야 통과할 그 도성에서 겨우 하루를 외쳤는데, 왕을 비롯해서 온 백성과 가축까지도 베옷을 입고 금식하며 회개하다니…….

서기관과 바리새인들이 예수께 표적表迹을 보여 달라고 하자 "악하고 음란한 세대가 표적을 구하나 '요나의 표적'밖에는 보일 표적이 없다"고 하셨다.(마12:39) 그것은 요나의 불가사의한 고난이었다. 모두가 살기 위해 스올에 던져졌다 돌아온 요나처럼, 그리스도의 죽음과 부활이 '아리마대 요셉'이 자기를 위해 예비해 둔 새 무덤에서 일어났다.

예수께서 3년간이나 천국 복음을 설파하시고 많은 이적을 보이셨음에도 유대는 그들이 개처럼 여기던 이방족속과 그 너머 세상만방이 니느웨처럼 회개할 줄 미처 몰랐다. 그렇듯 요나는 그리스도의 죽음과 부활의 표적으로써 유일한 선지자였다.

그럼에도 갓난아이 이름에 그토록 반대했던 까닭은, 표적이야 어찌되었든 요나의 불순종이 못마땅해서였다. 결국에는 아들 이름을 '욥'으로 바꿔서 발음하기 쉽도록 두 글자 '요비'로 지어주었다. 그래, 하나님께서 바라시는 정금의 신앙인이라면 단연코 '욥'이다. 주변에서는 그 역시도 못마땅했다. 이제는 자식들이 죄다 살해당하고 재산마저 약탈당한 데다가 악창에 시달리는 '욥'이라니, 뭔 심산이냐는 것이다. 모두가 여호와를 욕하고 죽으라는 욥의 아내 편이었다.

서양인들에게 '데이빗', '새뮤얼', '죤', '죠나단', '피터', '스티븐', '애덤' 같은 성경 인물 이름이 수두룩하게 있건마는 그들도 기피하는 '욥'이라니, 아주 고약한 아비였는가.

《녹색 밤하늘》 Oil on Canvas 162.2×130.3cm 1999

《생명의 노래 (2)》 Oil on Canvas 72.7×60.6cm 2000

새해에 전하는 희망의 메시지

TV에서 영화 한 편 보았는데, 주제와는 관계없는 대화 한 장면이 오래도록 머리에 남았다.

역사책을 보던 소녀가 물었다.

“아저씨, 첩이 뭐예요. 아내 같은 거예요?”

“그건 왜 묻니?”

“중국황제는 첩이 천 명이었대요.”

“지금은 한 남자와 한 여자가 결혼해서 살지만, 그때는 그런 문화가 황실에 있었어. 왜, 황제가 불쌍하니?”

“네, 엄마 같은 여자를 천 명이나 데리고 살아서 불쌍해요.”

문득 '솔로몬'이 떠올랐다. 하나님께 일천번제를 드렸던 그가, 그 숫자만큼 후궁과 첩을 두었기 때문이다. '애급'의 파라오 딸을 비롯해서 ‘모압’, ‘암몬’, ‘에돔’, ‘시돈’, ‘헷’ 족속인 그들은 가나안의 딸들이었다. 솔로몬은 그들이 살던 나라에서 섬기던 ‘아스다롯’, ‘밀곰’, ‘그모스’, ‘몰렉’ 같은 신들에게 제사할 수 있도록 예루살렘 앞산에 산당을 지어주었고, 그곳에서 그녀들이 낳은 왕자들을 산채로 불태우는 제사로 요란한 북소리와 검은 연기가 끊일 날이 없었다.

그가 그 지경에 이르기 까지 여인들 등살에 얼마나 시달렸으면 “다투는 여자는 비 오는 날에 이어 떨어지는 물방울”이라 했을까? 결국 나라가 두 쪽이 나더니 모두 멸망했다. 성전이 훼파되고 ‘언약궤’를 도둑맞았던 것은, 솔로몬을 비롯한 그의 후대 왕들의 가증스런 우상숭배로 인해 하나님 영광이 떠났기 때문이다. 70년이 지나 귀환했던 ‘남 유다’는, 더는 이스라엘이 아니라 ‘유대’로서 4세기 동안 페르시아, 헬라, 로마가 돌아가며 짓밟은 피지배국이었다.

오늘날 교회가 떠올랐다.

유럽교회는 중세기에 이미 고목枯木이 되었던 터라 말할 것도 없고, 오늘날의 교회라고 해야 미국과 한국교회다. 신앙의 자유를 찾아 신대륙을 개척해서 세계 선교를 주도하고 부국강병을 과시하던 미국은 솔로몬 때와도 같다. 그렇듯 일제에 짓밟히고 민족상쟁으로 초토화 되었던 조국은 기적같이 일어어서 미국에 이어 두 번째 선교국이 되었고, 국가경제는 열강의 반열에 올랐다.

돌아보면, 일체치하에서 '백만인 구령救靈운동'은 솔로몬의 일천번제였다. 방방곡곡에 교회를 세우고 전쟁으로 황폐해진 땅위에 또다시 교회를 세웠다. 그러는 사이에 교회는 천개의 얼굴을 한 세상을 품었던 걸까? 불어 닥친 '코로나' 삭풍에 십자가 첨탑은 무성하던 잎을 떨구며 나목裸木이 되어갔으니…….

'할 수 있거든이 무슨 말이냐' 부르짖던 긍정의 믿음, 조국 복음화를 위해 그리스도인들이 먼저 잘 되고 잘 살아야 한다는 번영의 복음, '예수의 리더십'을 개발해서 복음인양 전파하던 기업 전도, 새해운수를 점치듯 골라 뽑던 '하나님 말씀 뽑기', 그뿐이 아니었다. 교회일치운동, 사회복음주의, 민중신학, 해방신학, 퀴어신학, 여성신학, 온갖 신앙양태 끌어안더니만, 코로나 삭풍이 불어닥칠 줄 몰랐던가? 엄마 같은 여자를 천 명이나 품고 산 황제가 불쌍하다는 소녀의 말이 귓전에 남았던 까닭이다.

그럼에도 새해를 맞을 때마다 더 나아질 것이라는 암묵적 낙관론을 복음으로 포장해서 끊임없이 선포했다. 이제는 그렇게 둘러대지 말자. 그렇지 않아도 희망이 있다. 부활의 첫 열매가 되신 예수께서 세상 끝날에 다시 오시겠다는 언약과, 세상 끝날까지 너희를 떠나지 않겠다 하시는 그 언약이 있지 않은가? 그 말씀을 잊지 않는 한, 그리스도인에게 고난은 오히려 벅찬 희망이다. 그러니, 새해는 언약의 희망가를 노래하자.

《새 아침》 Oil on Wood 22×24cm 1994

《가을의 시 - 歸路》 Oil on Canvas 73×38cm 2020

빈자貧者의 복

찻집이 많은 '인사동'에는 《歸天》이란 찻집도 있다. 그곳에 앉아 있을 때면 한 우화가 떠오른다. 어느 날 참새와 하루살이가 재미있게 놀다 날이 어두워지자 참새가 내일도 만나서 놀자고 했다는 이야기다. 하루살이에게 내일이라니…….

가난을 저주로 여기는 세상에서 천국이 가난한 자의 것이라면 그건 신비다. '천상병' 시인은 그 복을 가난에 담고 살다 떠난 사람들 중에 한 사람이었다. 인생이 아침이슬, 또는 저녁노을에 불과한 걸까?

그가 죽어 떠난 "영혼의 빈터에 날아온 새들이 〈산다는 것〉 〈아름답다는 것〉 〈사랑한다는 것〉을 한창 노래하고 있을 때, 자신은 도랑 너머 나뭇가지에 앉아 있는 새였다"고 자신의 고독을 멀찍이서 관조한다. 그렇듯 인생이 덧없음에도 혹독한 고문에 인권을 유린당하고 사람들의 시선 밖으로 내몰렸던 그는 외로운 나그네였다.

서산에 걸린 해가 저녁하늘을 물들이고 땅거미가 천지를 엄습할 때, 시인은 돌아갈 곳이 있어 그곳에 가면 소풍 다녀왔다고 말하겠단다. 어린 시절 우리에게도 서산너머 노을 지고 땅거미가 놀이터를 삼키던 때가 있었지. 엄마가 부르는 소리에 정신없이 놀던 동무들은 죄다 떠났고, 그때 엄마가 없어 갈 곳 없던 아이도 놀이를 중단해야 했다.

어느 날 우리의 서산에도 해가 기울어 떠나야 한다면, 인생이 길다 해도 이슬 젖은 '하루살이'에 지나지 않겠지? 마침 해가 기울어 어둠이 찾아들었고, "내일도 만나서 놀자"는 참새의 말에 하루살이 시인이 대답했다.

나 하늘로 돌아가리라
새벽빛 와 닿으면 스러지는
이슬 더불어 손잡고

나 하늘로 돌아가리라
노을빛 함께 단둘이서
기슭에서 놀다가 구름 손짓
하면

나 하늘로 돌아가리라
아름다운 이 소풍 끝나는 날
아름다웠다고 말하리라

인사동 주말은 참으로 사람이 많기도 하다. 그곳에는 백인도, 흑인도 히잡을 두른 여인들도 지나간다. 음식점과 찻집이 많아서 만이 아니다. 곳곳에 미술전람회가 개최되는 화랑과 각종 문화상품 가게들이 즐비하기 때문이다. 그 중에 끼어 있는 찻집 '귀천'은 인생이 참새 같은 존재임을 절감하는 사람들이 차 한 잔 놓고 벽에 걸린 '천상병'의 시를 음미하는 곳이다.

그렇듯이 그의 시 「귀천」은 죽어서도 전도자의 잠언이 되어, 오고가는 세상 한가운데서 우리의 영원한 내일이 '하늘아버지 집'이라고 전파한다. 온 곳을 모른 채 세상에 던져진 인생, 출구가 영멸인 줄은 알아 몸부림쳐야 하는 세상에서 속절없는 인생에 문득 황혼은 깃든다.

하루살이 인생에게 내일이라는 영원한 그곳. 서산너머 노을빛 손짓에 마음 설레는 이들의 본향이었지.

《귀천》
Oil on Canvas
53×33.4cm 2022

《3월의 에스더》 Oil on Wood 22×23cm 2022

3월의 에스더

3·1절 빨간 숫자는 유관순 열사를 생각하게 한다. 고종 황제 장례를 이틀 앞두고 대한독립을 외치다가 일경에 사살된 사람은 줄잡아 7,500명. 이화학당의 17세 유관순은 귀향하여 3천 군중과 함께 서울에서 못 다한 독립만세를 외쳤다. 그러던 중에 그녀의 부모는 일경의 총탄에 숨졌다. 고종 황제가 대한제국을 선포한 지 4년 만에 조국에 남겨두고 승하한 그 이름《대한》에 온 백성이 죽도록 매달려 '대한독립 만세'를 외쳤던 것이다.

'경성감옥'은 일제가 500명 수용 규모로 건립한 근대식 '한성감옥'으로서 독립 시위자 3,000명이 미어지도록 수감된 곳이기도 하다. 한 해가 지나 3월 1일이 돌아오자, 유관순은 그곳에서 또다시 만세사건을 주도해서 감옥을 요동케 했다. 그 연유로 소녀는 지하밀실로 불려 다니며 알 수 없는 고문 끝에 방광이 파열되어 꽃송이는 꺾이고 말았다.

'한성감옥'은 20년 앞선 1899년, 이승만이 수감되었던 곳이다. 그는 〈매일신문〉과 〈제국신문〉을 발간하던 문필가요, '독립협회' 총대위원으로서 '만민공동회'를 이끈 24세 청년이었다. 그가 황제국가 체제에서 국민국가 체제를 주창하며 활동하다 체포됐다. 사형이 선고된 그는 곤장 100대를 맞고 5년 7개월간 옥고를 치르던 중, 선교사가 넣어준 성경을 읽고 회심했다. 그때 그곳에서 저술한 책이 『독립정신』이다.

3·1절은 또 한 여인 '에스더'를 생각하게 한다. 일제에 종살이했던 조국의 40년과 '바벨론'에 잡혀가 종살이를 했던 유대 70년 세월이 닮은 데다, 그 한가운데 민족을 위해 목숨을 내 건 여인이 있었기 때문이다. 그들에게 '부림절'(Purim節)은, 총리 '하만'이 유대인을 몰살하려고 세워 놓은 형틀에 그가 되레 열 명의 아들과 매달

려 죽음으로써 위기에서 벗어난 유대민족이 그때를 기념하는 날이다.

유대 성직자들은 '부림절'을 줄기차게 지켜오면서도 그 묵시는 철저히 외면했다. 그들에게 참 구원자로 오신 그리스도를 기어이 로마법정에 세우고는 "카이사르 외에는 우리에게 왕이 없다"고 목청을 높였다.(요19:15) 로마 눈치 살펴가며 안락을 누리던 대제사장은 백성의 분노가 들끓도록 선동해서 재판장을 압박했다. 하나님의 아들로서 왕임을 자처하는 예수를 처형하지 않는다면, 빌라도 당신이야말로 '신의 아들' 카이사르의 신하가 아니라는 공갈도 서슴지 않았다. 그렇게 해서 하만을 매달 듯 그리스도를 매달았던 것이다.

《백자》 Oil on Canvas 25×41cm 2013

'빌라도'의 판결은 무죄였다. 재차 삼차 반복되는 무죄 선고에도 백성들이 민란을 일으킬 기세로 저항하자, 그는 이 재판이 자신과는 무관하다며 대야 물에 손을 씻었다. 그렇다면 "그 피를 우리와 우리 자손에게 돌리라!"(마27:25) 그들은 자유를 주기 위해 찾아오신 그리스도를 기어이 로마 황제와 맞바꿔서 민족적 저주를 불러들였다. 예수께서 자신을 가리키며 "너희가 진리를 알지니, 진리가 너희를 자유하게 하리라" 천명하셨음에도 그들에게 '진리'란 '하만'처럼 나무에 매달린 자의 저주였을 뿐이다.(신21:23)

1919년 3월 1일, 태극기 휘두르며 독립만세 외칠 때, 이승만은 서재필과 함께 필라델피아 한인대표자대회에서 독립을 선언했다. 그리고 4월, 상해임시정부는 이승만을 대통령으로 추대했다. 그가 한성감옥에서 체험했던 회심의 일침은 "진리가 너희를 자유하게 하리라."는 그 말씀이었다. '그리스도께서 너희를 자유케 하려고 자유를 주셨다'는, 복음이 녹아든 그의 저서가 『독립정신』이다. 그는 이국땅에서 40여 년간 그 꿈을 집요하게 쫒았다.

조선에서 대한민국이 태동하는 길목에서 원수가 달아준 수인번호에 퉁퉁 부은 사진 한 장 남기고 조국을 떠난 소녀. 그 열사가 어린 시절 어머니 손에 이끌려 피난길 떠났던 내게는《3월의 에스더》였다.

《해변의 꿈》 Oil on Canvas 116.8×91cm 1995

수상쩍은 적군파

그를 만날 때면 뭉게구름 떠가는 창공에서 중절모 쓴 두 신사가 대화하고 있는 '르네 마그리트' 작품이 떠오른다. 그를 처음 만난 곳이 창공이었기 때문이다. 파리와 이스라엘을 오가는 항공기는 꽤나 작았고, 승객은 넥타이 없는 검은색 정장에 검은 수염범벅인 유대인들뿐이었다.

그때만 해도 일본 적군파赤軍派 항공기 납치 사건으로 세상이 떠들썩했고, 이스라엘은 팔레스타인과의 전쟁 여파로 곳곳에 테러와 민중봉기가 벌어지고 있었다. 그런 까닭에 순례단이 아니고는 동양인 단신으로 이스라엘 여행이 흔치 않았다. 당시에는 직항이 개설되지 않은 데다 구소련과 미국이 냉전태세였다.

그런 까닭에 '알래스카'를 경유해서 오로라가 백야의 밤하늘을 수놓는 북극을 돌아 파리에 도착하면 오를리 공항까지 이동해서 환승해야 했다.

이스라엘 입국심사는 그곳에서 받았다. 보안요원은 배낭과 가방 속 물건을 모조리 쏟아냈다. 검게 그을린 얼굴에 수염까지 기르고 전투복 같은 점퍼를 졸라맨 행색이 그들의 눈에는 영락없이 '적군파'였나 보다. 두 보안요원에다 상관까지 합세해서 긴 심문 끝에 어렵사리 환승했다.

'가나안'은 야훼께서 그들 조상에게 주신 약속의 땅이 아닌가. 손끝으로 등뼈를 더듬고, 검색기로 사타구니를 훑는 입국절차라면, 천국 문에서는 어떤 검문절차가 기다릴까? 그들의 선조들은 출애굽하고도 젖과 꿀이 흐른다는 언약의 땅을 구경조차 못하고 광야를 떠돌다 그곳에 뼈를 묻었으니 말이다.

뜻밖에도 기내에 동양인 한 사람이 눈에 띄었다. 얼굴이 가무잡잡한 데다가 눈매 까칠한 그도 만만치 않은 적군파였다. 화장실을 다녀온 사이 그가 내 좌석을 차지하고는 좌석 주머니에서 그림엽서를 꺼내보던 참이었다. 그가 나를 보자 대뜸 황학만 선생이냐고 물었다. '마그리트' 작품의 두 신사처럼 푸른 지중해 창공에서 그와 대화가 시작되었다.

그는 무역관계로 방한한 이스라엘 바이어들을 만나기 위해 호텔에 갈 때마다 그곳에 있는 화랑에서 작품을 보았고, 작가 이름도 그때 알게 되었다고 했다. 마침 한국인이 동승한 것 같아 자리를 옮겨 좌석 주머니에 꽂힌 그림엽서를 보니 바로 그 화가였다는 것이다. 그가 호텔을 오가며 보았던 많은 작가 작품들 중에 유독 기억하는 그 작품은 80호 크기의 1988년 작 《귀로》였다.

창공은 나무판자인데 거기에는 돌 하나와 몇 개 녹슨 못이 박혀 있고, 떨어져 나간 판자 틈 사이에 빠끔히 보이는 또 다른 하늘을 향해 날고 있는 한 마리 흰나비와 하단에는 먼 바다를 향해 여인이 걷고 있다. 인생이란 본향을 찾는 여정임을 말하고자 했던 작품이다. 그리고 세월이 흘렀다.

그를 만난 지 30여 년이 지난 어느 날, 년차를 두고 작품 두 점이 그의 자택으로 떠났다. 매화가 만개한 가지에 여러 마리 철새가 앉아 지저귀는 《4월의 詩》와, 상수리나무 가지에 여러 마리 참새들이 앉아있는 《가을의 詩》다. 그는 70대 노경이 되었어도 젊은 시절 눈여겨보았다는 작품 《귀로》처럼 영원한 하늘을 사모하는 나그네로 살았나 보다. 행여 창공에서 만나 담소하던 그 시절을 회상했던 건 아니었을까?

그 시절 그때처럼 나뭇가지는 나무를 떠나 창공에서 꽃을 피우고, 또한 작품에는 단풍든 상록수 잎이 매달려 있다. 봄가을 꽃 피고 낙엽 지는 인생길에서 나그네들이 모여 생명이 창조주께 있음을 노래하는 은유적인 작품이다. 매년 반복되는 계절이라 한들 어찌 잊으랴. 언젠가는 마지막 가을을 보내고 가지마다 흰 눈 쌓이면, 그때는 하얀 창공으로 함께 비상할 형제들의 노래인 걸.

천국은 침노하는 자의 것이라는 그리스도의 가르침에 수상쩍은 적군파는 파랑새가 되어 나의 거실에서 노래하고, 굴뚝새들도, 참새들도 적군파가 되어 그의 거실에서 봄가을 지저귄다. 그 노랫소리 차마 멎으랴, 창조주 계심에 내가 있음의 그 노래를.

《가을의 詩 (1)》 Oil on Canvas 116.8×91cm 2001

《가을의 시》 Oil on Canvas 72.7×60.6cm 1995

가을의 詩

작품《가을의 詩》는 젊었던 한때를 반추하게 한다. 어느 공휴일 문화행사가 끝나고 사람들이 운동장에 쏟아져 나올 때 나는 정문 가까이에 서 있었다. 그때 정문으로 향하던 검은 승용차가 멈추더니, 차창 너머로 중년신사가 나를 응시하고 있었다. 그에게 다가가자 그는 말없이 악수를 청하고는 운동장을 빠져나갔다.

그를 다시 만났을 때는 뜻밖에도 청담동 '유나화랑'에서 개인전 때였는데,《가을의 詩》는 그때 그 부부의 소장품이 되었다.

철학을 전공한 정치인 '제정구'. 그는 이재민을 시흥시로 이끌고 들어와서 허허벌판 언덕에 보금자리를 지어 주고는 그곳에서 그들과 함께 살던 의인이었다. 비좁은 마을 샛길은 포장이 안 된 탓에 비 오는 날이면 무척이도 질척이던 무허가 달동네다. 그래도 그곳은 갈 곳 없는 이들에게 눈물겨운 보금자리였다. 그 실상이 '보금자리'라서 그렇게 부르기는 하나, 정식 명칭은『복음자리』다.

의미는 판이해도 발음이 같은 '보금자리'와 '복음자리'. '복음福音자리'야말로 '참 보금자리'라는 의미에서 깨닫게 되는 것은, 그가 그리스도를 아는 신앙인이라는 점이다. 오갈 곳 없는 이들에게 보금자리를 마련해 준 그의 선행이 알려져 '막사이사이 상'이 수여되기도 했다. 그는 한참 더 일할 향년 54세에 이재민 살이 세상에서 영원한 보금자리로 이주해 갔다.

작품 분위기는 아직도 여름인데, 상수리 잎사귀는 가을이 오고 있음을 알린다. 이 작품명이 '가을의 시'였던 이유다. 판자 틈새로 멀리 내다보이는 푸른 하늘은 작가 가슴에 숨어있는 영원한 세상, 꿈만 꾸다가 황망히 사라질 세상에서 '참 보금자리'는 빠끔히 보이는 저 하늘이다. 그처럼 가을은 우리 곁을 훌쩍 떠난 그가 생각나는 계절이다.

오곡백과 무르익고 나뭇잎은 서둘러 붉고 노란 빛으로 산야를 뒤덮는 가을. 그새 몇 해가 지났을까? 작품 《가을의 詩》는 주인이 바뀌었다. 그가 진정 소망하던 나라로 떠난 후, 바자회에 나온 그 작품은 평생 환자들을 치료하고 돌보던 의사 '김창수'의 병원 한 벽면을 장식하게 되었다. 계절이 수없이 바뀌고 많은 지인들이 세상을 떠났어도 더는 시들지 않는 낙엽과 빠끔히 보이는 하늘은 그곳에서도 여전히 푸르다.

그는 인생의 황혼기에 접어들 때까지 목에 청진기를, 손에는 메스를 들고 헤일 수 없는 사람들의 망가진 몸을 고쳤다. 수줍고 순박한 표정을 한 그도 이재민 곁에서 살다 간 '제정구'처럼 병자들 곁에서 사는 삶이 보람 있다고 한다. 말은 그렇다지만 과연 즐겁기만 했을까?

시류를 등지고 돌아앉아 인생의 무상함 너머 영원한 보금자리를 그리던 내게도 인생이 그리 즐겁지만은 않았다. 평생 낙엽 지는 세상에서 영원함의 출구를 그리고자 했던 것은 이생의 자랑이 덧없기 때문이다. 그래, 참 보금자리는 하늘아버지의 복음福音자리지. '제정구'도, '김창수'도 삶을 다해 그 보금자리 안내자로 살았던 것처럼, 나의 붓끝도 늘 그랬다.

슬픈 이들, 아픈 이들, 강도 맞아 거지반 죽게 된 이들 곁에서 평생 이웃으로 살던 그들의 얼굴에는 '렘브란트'의 그리스도를 보듯 연민의 그늘이 배어 있다. 잔고를 많이 겪어 질고를 아는 이들의 우수가 서린 것이다. 핏줄 불거진 손등에 검버섯이 피었어도 병자를 대하는 손끝은 섬세하기만 하고, 흰백의 캔버스 앞에 붓을 쥔 앙상한 내 손가락도 여전한 것은, 할 일 많은 일꾼의 고달픈 축복이련가.

'제 정구'와 복음자리마을 공사 중인 그의 동지들

《파랑새의 아침》 Oil on Canvas 116.8×91cm 2022

수장절 단상斷想

그날 협회 사무국장이 집에 찾아왔다.

"미산동 집은 결혼할 때 누나가 사준 건데, 최근 매형 사업이 어려워져서 이 집을 팔아 되돌려줘야 할 형편입니다."

집은 6천5백만 원에 내놓을 생각이고 선생님께서 사셨으면 좋겠는데 어떠시냐고 묻는다. 주차장, 창고, 마당에다 방이 다섯 개나 있고 작품 보관실과 작업실로 쓸 수 있는 양옥집이라서 그간 편하게 살던 곳이다.

"내 사정으로는 불가능하니 속히 복덕방에 내 놓으소."

그때 그가 조심스럽게 말했다.

"그러면 선생님께서 가실 곳은 있으신지요?"

언제 한 번이라도 갈 곳이 있어 이사 다닌 것이 아니었기에 대답이 궁했다. 어쩔 수 없이 그곳을 떠나 경기도 일원을 떠돌다가 언제부턴가 그가 한 말이 떠오르곤 했다. 갈 곳이라니, 그래, 몇 번이었지? 스물다섯? 스물일곱? 서울에서 이리저리 옮겨 다니다가 떠밀려나듯 경기도로 이사했던 건데, 몇 번이나 헤아려 봐도 도무지 기억이 나질 않았다.

땅에서는 너나 없이 나그네인데 지나간 세월 돌아본들 무슨 소용이 있나. 그래서 장長이라 으스대던 협회, 단체, 동창들과 화우들마저도 일찌감치 교제를 끊었다. 작품 흐름은 더욱 사변적이고 써온 글도 그런 내용이었다. 작품이든, 신문연재든, 책에서든, 강연에서든 그 물음 일색이었던 것은, 그때 그 사무국장 말 때문만은 아니었다.

화곡동을 맴돌다가 시흥군으로 떠나고서부터였는데, 〈귀로〉 〈막힌 출구〉 〈언약의 밤〉 〈제 6시의 묵상〉 〈좁은 문〉 〈가시면류관〉……. 백발이 되도록 대중에게 비

호감 이야기만 그렸으니 고독한 나그네의 독백이었던 거다.

너나할 것 없이 모두가 몹시도 빈궁했던 1960년대, 명절이면 우리 누이들은 손에 손마다 빨간 내의, 빨간 담요 한 아름 안고 설레는 마음으로 삼등열차를 탔었지. 그때, 인생은 귀향길 떠나는 나그네였음을 깨닫지 않았는가. 때가 되면 부부마저 손절하고 속절없이 어둠으로 쓸려가는 고독한 존재인 걸.

행여, 사도가 예수께 묻지는 않았을까? "어디 가실 곳이나 있으신지……?"

태어나자 피난살이, 타국살이도 모자라 정든 고향 '나사렛'에서도 쫓겨나 허허로운 '가버나움'에서 노숙살이였는데, 괜한 사도 둘러대며 묻다니……. 여우도 굴이 있고, 공중의 새도 거처가 있다 해서 예수께서 머리 둘 곳 있으랴마는 그래도 갈 곳은 있다. 백성들이 등떠밀고 원수가 못 박을 그 험한 해 골산, 발가벗겨 매달릴 형장이다.

어서, 어서 가라고 살갗 헤집는 채찍에 나뒹구는 꼴이 안쓰러웠던지, '무교절'을 지키려 왔던 구레네 사람 '시몬'이 애를 태웠다. "십자가는 제가 지고 갈 테니, 어서 일어나세요. 가시던 길, 마저 가셔야죠." 해골산 그 너머가 지옥인데 어서 가잔다. 어서 가서 막힌 출구 열라고.

귀향길은 이삿짐 싸고 풀고 40년, 허허로운 광야였다. 그때 우리는 그 길에 합류하기 위해 비좁은 삼등 야간열차를 탔었지. 오곡 무르익은 가을걷이 풍성한 추석에 소 잡고, 양 잡고, 염소 잡아 피를 받고 각을 떠서 하늘번제 올리려고. 그 보름에 포도, 무화과, 석류에다 꿀 바른 빵을 먹는 언약 백성의 수장절. 요단강을 건넌 형제들이 40년 광야를 추념하는 초막절 추석이 아닌가?(레23:33~44)

그래, 휘영청 달 밝은 '디스리 월月' 추석이다. 그 날, 그 '큰 안식일'을 고대하며 수십 번 이삿짐을 풀고 쌌었지.

초막절기 끝나고 여드렛날, 온 백성이 거룩한 총회로 모이는 그 '큰 안식일'에 예수께서 외치셨던 그 말씀이 들리지 않는가? "누구든지 목마르거든 내게로 와서 마시라" 하셨음이…….

소래포구

《소래포구》 Oil on Wood 95×45cm 2002

3, 40대 살던 '시흥시' 이야기다. 넓디넓은 '시흥군'은 인심 좋게 '안산'과 '안양'에 땅 한쪽씩 내주어 그곳은 모두 시가 되었고, 서울에 붙어있던 지역은 서울 '금천구'에 '시흥동'으로 내주어 서울이 되었다. 그렇게 떼어주고 남은 곳이 시흥군 이름을 간직한 '시흥시'다.

그래도 시흥시는 서해안을 끼고 있어 가을이면 붉게 타오르는 함초 들녘이 장관인 아름다운 곳이다. 염전으로 흘러들어오는 바다물길 따라 광활하게 펼쳐진 함초 군락지를 지나다 보면 입 벌린 포구를 만나게 되고, 그 건너 쪽에 '인천소래어시장'이 있다.

일정 때는 포구로 나눠진 '시흥시'와 '인천시' 사이에 다리를 놓아 협궤열차가 다녔다. 그 후로 철도는 시흥시 주민들이 소래어시장을 가는 길로 이용되었다. 갈매기 요란한 울음소리와 철도 침목 사이로 훤히 내려다보이는 바닷물에 보행자들의 간담은 언제나 서늘했어도 시흥시 주민이 그 재미를 즐기던 명소다.

언젠가 시흥시가 철길로부터 멀찍이 떨어진 포구 초입에 '시흥어시장'을 정비하고 대규모 횟집단지를 조성했다. 소래 못지않은 어시장을 보란 듯이 짓고는 쓰기에 마땅치 않은 협궤철교 옆 땅에다 어시장 고객을 위해 넉넉한 주차장을 만들어 놓았다. 그 주차장이 완공되자 인천시가 기다렸다는 듯이 철길 위에 철판을 깔아 보행자들의 불안감을 해소해 놓았다.

그 바람에 시흥시 주민의 보행자 수는 급증해서 고객이 붐비는 소래시장은 연일 대목에 대목을 더했다. 시흥시 당국은 그 형국이 될 줄 예상 못했을까? 안산, 안양, 서울에 땅을 떼어주고도 아쉬웠던지 인천 소래시장의 번영을 위해 내 땅에 주차장을 지어준 형국이다 보니, 먹지도 못할 죽이나 쑨다는 험담이 회자되기도 했었다.

꾀 많은 인천시는 잇속을 채웠을지언정, 인천시민의 발길이 우선 닿는 곳이 소래어시장이다 보니 시원한 바닷바람을 맞으며 협궤철교를 산책하는 즐거움은 언제나 시흥 주민차지였다. 만선 후미에 펄럭이는 오색 깃발은 갈매기 떼를 이끌고 포구로 들어서고, 철교를 오가는 주민에게 고단한 일상의 회복과 낭만이 젖어드는 곳. 이만한 데가 대한민국 땅에 있다니, 어쩌면 인천시의 꾀를 예견한 시흥시의 혜안이었는지도 모른다.

시흥시 주민이었던 당시에는 철교 침목을 내딛는 아찔함을 즐기며 꽤나 넘나들었다. 때로는 갈매기 울음소리 속에서 가족들과 장을 보기도 했고, 때로는 갯벌에 주저앉아 폐선 풍경을 그리기도 했다. 그곳을 떠난 후로 시흥시의 광활한 염전과 함초 군락지는 개발에 사라졌다는 풍문이 들렸고, 대화재로 전소된 인천 소래어시장은 현대식 건물로 재건축했다는 뉴스를 TV에서 보았다.

마음이 울적할 때, 갈매기 떼 깔깔대는 협궤철길만 한 곳은 없었다. 풍성함과 풍요로움의 어시장, 상인들과 갈매기 떼가 뒤섞여 떠드는 활기찬 그곳. 소래포구를 거슬러가며 석양노을에 천지가 불타는 함초 들녘은 창조주 옷자락 훔쳐보듯 한 비경이어서 때로는 서럽도록 그리움이 북받쳐 오르고는 했다.

아주 춥던 어느 겨울날이었다. 폐선들이 널브러진 갯벌에 화구를 펼쳐놓고 앉아 을씨년스런 겨울포구를 그리고 있었다. 멀찍이서 20대 청년 여럿이 찌개를 끓이며 술을 마시더니 한 청년이 종이컵을 들고 내게 다가왔다. “날이 너무 추우니 이거라도 한 잔 드시고 하시죠.” “이런 곳에서 웬 술들인가?” “친구가 죽어 너무 슬퍼서 매일 술을 마셨는데, 오늘이 일주일째입니다. 오늘까지만 친구 생각하며 마시기로 했습니다. 그런데 너무 슬퍼요”

그렇게 낭만적인 철길도, 갈매기 떼 어우러진 풍성한 어시장도 멀찍이 등지고 돌아앉으면, 찬바람에 코끝에는 콧물이 매달리고 갯벌에 내리쬐던 태양 볕도 힘을 못 쓴다. 그토록 쓸쓸한 갯벌, 폐선 뼈대들 널브러진 황량함에 갈매기 울음마저 슬픈 그곳이 세상 아닌가. 그래, 그곳이 우리 인생의 현장이었지.

《손수건에 공기 알》 Oil on Canvas. 53×45.5cm 2000

업둥이 인생

나뭇잎이 무성해지자 새가 집주변 곳곳에 둥지를 틀었다. 알을 낳고 기르기 위해 잎사귀가 조밀한 나뭇가지와 건축물 틈바구니를 찾아낸 거다. 부화한 새끼들이 날기 시작하면 어미도 둥지를 버리고 떠난다. 다시금 숲이 우거지면 어미 새는 돌아와도 새끼들은 짝을 만나 어디선가 새롭게 둥지를 틀겠지.

야산 기슭에 집을 짓고 정원에 나무를 심었더니, 작은 새들이 함께 살자고 모여들었다. 주차장 축대 틈새는 '박새'가, 현관 U블럭 구멍에는 멋쟁이 '딱새'가 풀잎을 물고 분주히 오간다. 잎이 조밀한 '쥐똥나무', '목수국', '남천'이 낙엽 지면 휑한 가지 사이에 드러나는 낡은 둥지는 그들이 쓰다 버린 풀잎 뭉치다.

산천초목이 온통 새들의 터전이라 둥지는 한 번 쓰고 버리지만 사람들에게는 땅도 집도 주인이 있어, 쓰던 아파트일지라도 값이 수억 원이다. 언제부턴가 도시 지하도에는 노숙자들이 한파 속에 잠이 드는데, 지난 정부가 탄핵으로 물러나고 새 정부가 들어서자 아파트 값이 하루가 멀다고 천정부지로 치솟았다. 아파트가 수십, 수백 채인 사람에 농사 짓지 않는 땅 부자가 부지기수인 사실도 드러났다. 부러운 것은 네 땅 내 땅 없이 지상을 공유하는 새들이다.

그런데, 몸집 큰 뻐꾸기는 둥지 지을 재간이 없는 걸까? 알은 낳아야겠는데, 품고 기르기는 싫어서일까? 까마귀, 까치 둥지는 겁이 났던지 뱁새나 개개비 같이 작고 여린 새들의 둥지만 넘본다. 뻐꾸기는 그것들이 알을 낳을 때를 엿보다가 어느 틈에 그 둥지에 제 알도 낳고는 종적을 감춘다. 눈도 미처 뜨지 않은 새끼 뻐꾸기는 집주인이 품던 알과 새끼들을 모두 둥지 밖으로 밀어 떨어뜨리고는 떠날 때까지 그곳에 눌러앉아 거대하게 몸집을 키운다. 여린 새들에게는 그토록 고약한 탁란托

卵도 품고 키워내야 할 생명이었다.

참혹한 6·25동란으로 도시마다 잿더미가 되었을 때, 어미 잃고 둥지 밖으로 떨어진 고아들은 어찌 되었을까? 엄동설한에 판잣집, 움막살이 암담했던 그 시절에 배곯던 산모가 당면한 것은 갓난아이와 함께 생사기로다. 어떻게든 젖먹이도 산모도 살길을 찾아야 했다. 폐허가 된 조국 땅에 부잣집이 얼마나 있을까마는, 마음 독하게 먹고 반듯한 집을 찾아 나서는 거다. 눈물 젖은 쪽지와 함께 포대기에 싼 '업둥이'를 탁란하듯이…….

학창시절 골목친구 중에 방앗간집 아들이 있었는데, 그에게 유난히 예쁘게 생긴 여동생 하나가 업둥이였다. 어머니가 여느 자식들처럼 품에 안고 젖을 먹여 키운 그 아이가 그새 성장해서 시집 보냈다는 소식이 언제였던가. 유수 같은 세월에 예쁘던 그 소녀는 벌써 70대 백발 할미다. 새들처럼 '탁란'이든, '업둥이'든 생명은 생명 있는 이들의 몫이었지. 그래서 '손양원'도 두 아들 모두 죽인 못된 빼꾸기를 자기 아들로 키웠던 거다.

충북의 '제천역'은 서울, 강원도, 경상도에서 모이고 갈리는 환승지라서 젖먹이를 버리고 갈아타기 딱 좋은 업둥이들의 종착지였다. 27세 미국 처녀 '제인 화이트' 선교사가 1962년 전쟁고아들을 찾아 한국에 날아와서 둥지를 틀고는 버려진 업둥이들의 어미가 되었다. 《제천영아원》 설립 50주년, 그간 1,234명의 영아를 키워 733명을 서구인 업둥이로 입양시켰다는 소식은 2013년, 10년도 더 된 보도다. 세상 떠난 어머니의 빈자리에 찾아온 새어머니도 서로 처지가 바뀌었을 뿐, 나와 내 형제로서는 새어머니의 업둥이들이 아닌가. 그래, 형제들을 모두 품기 위해 날아온 작고 여린 개개비였지. 그리고 보면 인간은 모두가 창조주께서 보내신 업둥이인 걸, 그걸 몰라 단 한 번이라도 남의 자식 품어 볼 생각을 못해 그리도 쉽게 '애비 없는 자식', '에미 없는 자식' 어린 가슴에 독가시 찔러놓고는 내 자식만 예뻤던 거지.

낯선 한국 업둥이들의 어미가 되어서 네 아버지가 창조주 하나님임을 알려준 여린 뱁새 미국 처녀는, 한국 땅에서 늙고 늙어 내일 모래가 90세다. 내 자식을 왕자처럼 대해주지 않았대서 그랬던가? 못된 뻐꾸기들의 집요한 문자폭탄에 애젊은 교사가 그만 세상 밖으로 떠밀렸다는 애처로운 그 뉴스는…….

《첫사랑 (연작의 일부)》
Oil on Canvas. 53×
45.5cm
2000

제2부 막힌 출구

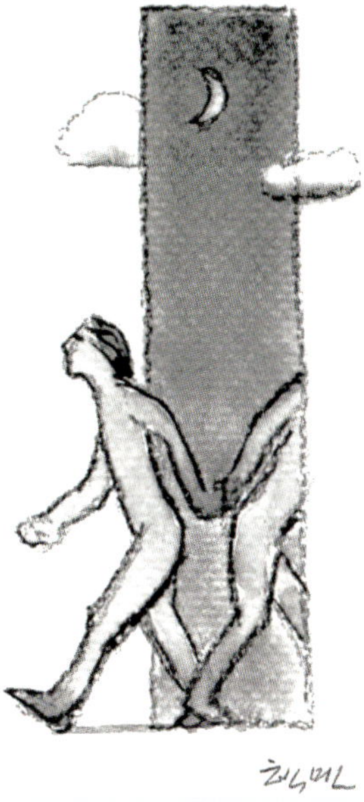

《막힌 출구》 Oil on Canvas 72.3×53cm 1991

중생, 그 '막힌 출구'

소망이 곧 절망이라는 《막힌 출구》는 1991년도 작품이다. 작품 화면은 나무판자인데, 그 틈새로 보이는 하늘을 향해 날고 있는 나비는 절박한 우리 인생의 메타포다.

우리 선조들은 한이 얼마나 깊었으면 나비를 사람의 넋으로 생각했을까? 잦은 외침에다 온갖 질병에 가족을 잃어야 했던 슬픈 인생사가 심어준 인식이 '소망이 곧 절망'이었다. 긴긴 겨울밤, 호롱불 등받이 너머로 너울거리는 나비 그림자는 한 서린 혈육의 넋이었는가 하면, 장과 롱의 장식은 물론이고 그 한가운데 달린 여닫이문짝조차 나비 날개다.

그렇듯 소리 없이 찾아왔다 소리 없이 떠나는 나비는 그리운 망자의 넋이었다. 그 나비가 서양인에게는 부활의 상징이라니, 육체의 부활을 믿는 그들의 기독교 신앙이 우리 정서와는 그토록 판이했다.

그런데 인간은 무슨 운명이라서 기독교 국가들마저도 전쟁을 일으켜 그 피를 땅에 바쳐야 했을까? 땅에서 내어준 아담이 흙으로 되돌아온 탓에 땅도 덩달아 저주받았다면, 텅 빈 인간의 영혼을 채운 것이 맹독의 가시였을까?

나비의 존재방식은 변태다. 애벌레는 한 삶을 마칠 때면 몸에서 뽑아낸 실을 나뭇가지에 매달고는 딱딱한 고치가 된다. 그 속에서 부활하기 위해 걸쭉한 액체가 될 줄 누가 알랴마는, 누에는 더 진지하다. 몸에서 뽑아낸 실로 몸을 휘감고 그 곳에 자신을 숨긴다. 그 몸놀림은 자기 주검을 위해 수의를 짓는 행태다. 그런데 놀랍게도 그 속에서 일어난 기적은 애벌레로서 자기 부인自己否認이었다. 나비는 그렇게 자기를 먹이로 삼던 원수들이 찾아내지 못하도록 자신의 과거를 감쪽같이 지워버리는 불가사의가 담겨 있다. 그런 점에서 나비의 변태는 하나님께서 아담에게 입히셨던 짐승 가죽옷의 묵시로서 사도가 "그리스도로 옷 입자"는 말이 바로 그 말 아닌가?

나뭇잎을 갉아먹던 식충은, 두루뭉술한 몸매에 더러는 검붉은 가시털이 뒤덮여 있어 흉측하기 그지없는 나비의 잊혀진 과거다. 나뭇가지를 꿈틀대며 기어오르다가도 무언가 닿기라도 하면 이내 몸을 말고 떨어져 죽은 척하는 가련한 미물이다. 그런 까닭에 죽음의 의식을 치러야 하는 그 한 날을 위해 저주스런 몸뚱이를 이끌고 어떻게든 살아 남아야 했다.

애벌레의 '한 살이'란 그런 거다. 하늘의 존재로 살기 위해 부단히도 꿈틀대던 비루한 몸에 나비로서 중생重生의 비밀이 숨겨 있다니, 나비는 죽은 이의 넋이 아니라 부활의 표징이다.

"믿음은 바라는 것들의 실상이요, 보이지 않는 것들의 증거"라는 선지자의 말처럼, 작품에서 나비는 '막힌 출구'를 향해 날고 있다. 그렇듯이 '소망이 곧 절망'이라는 《막힌 출구》는 구속救贖이라는 역설적 은총의 불가사의다.

《해변에-》 Oil on Canvas 72.7×60.6cm 2022

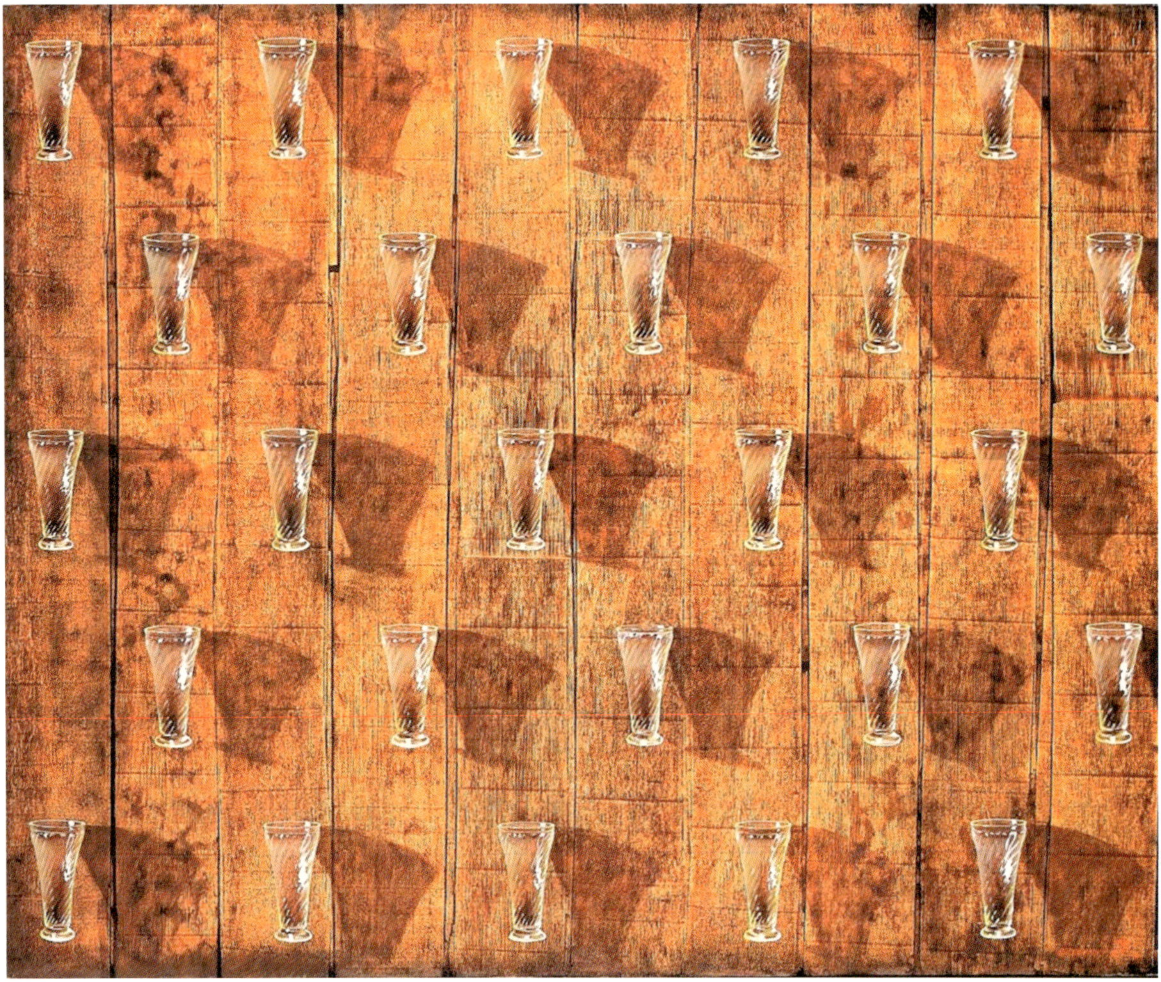

《공간배열 95-8》 Oil on Canvas 1622×13.0cm 1995

'나메리카와'의 신기루

일본 토야마현[富山縣]에 '나메리카와[滑川]'라는 해안도시가 있다. 남아메리카와 발음이 비슷한 데다가 앞바다는 종종 신기루가 나타나기 때문에 쉽게 잊히지 않는 지명이다. 화창한 날이면 오색 애드벌룬 기구들이 수놓은 하늘 아래는 사진작가들이 옹기종기 모여 수평선에 이변이 일어나길 기다리는 광경이 이채롭다.

불현듯 나타나는 것은 아득한 수평선상에 웅대한 공장 건물이다. 굴뚝에는 연기가 뭉게뭉게 피어오르고, 공기층이 일정치 않을 때는 건물 허리가 잘록해서 신기하기 그지없다. 원근법칙이 사라진 초현실 광경을 바라보며 깨닫게 되는 것은, 사람의 눈과 상식은 결코 믿을 게 못 된다는 사실이다.

그 신기루가 어디로부터 반사된 것인지 여행자로서는 알 길 없어도, 분명한 것은 어딘가의 실제다. 황당한 광경 앞에서 사람들은 집단최면에 걸린 듯 정지된 군상으로 돌변하는 광경 또한 이채로워 궁금한 생각이 들었다. 신기루를 바라보는 사람들의 생각은 제각각일까? 아니면 모두가 같은 생각을 하고 있는 걸까?

뒤를 이은 또 한 가지 생각은 사막을 여행하는 대상隊商들의 눈에 불현듯 나타난다는 '오아시스'다. 그 신기루도 어딘가에 실재하므로 뙤약볕에 목마르고 지친 그들을 끊임없이 걷도록 이끄는 원동력이다. 그리고 보면 인생길이야말로 망망대해요 막막한 사막이다. 알 수 없는 내일, 신기루를 쫓아 발걸음을 내딛어야 하는 인생은 분명 메마른 사막을 힘겹게 걷다 떠나는 고독한 나그네다.

인간은 꿈을 꾸고 그 동력으로 꿈을 쫓는 존재라서 꿈은 영혼의 호흡과도 같다. 그러나 손에 움켜쥔 실상이 바람 한 줌이었음을 깨닫게 될 때는 이미 인생 종착지다. 실체 없는 신기루는 상상임신이요, 바람 든 애드벌룬인 줄 몰랐던가. 개가 제꼬리 물려고 맴돌듯 맴도는 것이 인생인 것을.

믿음은 바라는 것들의 실상이요, 보이지 않는 것들의 증거라고 히브리서書는 정의한다. 그런데, 그 믿음의 근거가 어디냐에 따라서 실상이 투영된 신기루일 수도, 또는 뜬구름일 수도 있다. 〈꿈은 이루어진다〉 〈안 되면 되게 하라〉 또는 예수께서 가르치신 〈믿는 자에게는 능치 못할 것이 없다〉는 그 말씀마저도 애드벌룬 띄우듯 오색을 입혀 띄우는 게 세상이니 말이다.

솔로몬이 '지혜의 왕'이라 일컫는 까닭은 아기의 산모를 가려낸 명 재판을 해서가 아니다. 모든 생물에 대한 통찰과, 잠언 3천 편, 노래 1천 다섯 편을 지었다 해서도 아니다. 그의 지혜는 '모든 것이 헛되다'고 한탄한 그 깨달음이다. 풀은 시들고 꽃은 떨어지듯 인간의 꿈은 한갓 아침이슬에 불과함에도 솔로몬의 일천번제를 나날로 계산하려는 허욕이 믿음인 줄 알았다니…….

하나님 영이 부재한 인생이 바람 가득한 허풍선인 줄 몰랐던 거다. 그렇듯 '나메리카와'의 신기루에 마주서서 오색을 뽐내던 애드벌룬은 허공을 떠돌다가 꺼져 버릴 인생의 슬픈 이미지다. 그럼에도 누군가는 세상 꿈을 등지고 영혼에 투영된 신기루를 쫓아 하늘 길에 나선다. 세상너머 길 떠난 '아벨'처럼, '노아'처럼…….

《석양》 Oil on Canvas 33.453cm 2002

《공간배열 95-8》 Oil on Canvas 1622×13.0cm 1995

* 1995. 제 6회 以形展 미술상 (서울 프레스샌터)

* 1996. 제44회 일본현대미술가협회전 작품상 (동경도미술관)

《空 收去》OIL on Canvas 72.7×60.6cm 1994

다섯 개의 「봉안터널」

양평군은 북한강과 남한강을 끼고 있어 풍광이 수려한 곳이다. 서울에 인접해 있으면서도 오수 배출 공장 하나 없이 산 높고 골 깊은 곳은 아마도 양평뿐일 것이다. 골짜기마다 흐르는 개울은 양평에서 한강을 이뤄 식수원이 되고, 서울을 가로질러 흐르며 그곳역시 아름다운 수도로서 명성을 안겨준다.

두 한강이 합류하는 '두물머리', 양수리를 지나면 서울로 가는 길목에 다섯 개 '봉안터널'을 통과해야 한다. 그런데, 그 터널에 다다를 때면 나타나는 생경한 풍경 탓에 번번이 상념에 사로잡힌다. 한눈에 들어오는 것은 산자락 구릉 우측에 전원마을이, 좌측에는 망자들의 묘가 옹기종기 모여 있는 풍경이다.

망자의 집에 뭔 현관이 있고 창문이 있겠냐마는, 그럼에도 굳이 산 자의 집 못지않게 전망이 탁 트이고 햇볕 잘 드는 남향을 택해 마을을 형성해 놓았다.

인생이 백 년일지라도 다람쥐 쳇바퀴 돌듯 맴돌다가 종국에는 구릉을 넘어야 하는 운명이라면, 우리는 절망의 길에 태어나서 사망이라는 종착지로 속절없이 딸려가는 슬픈 존재다. 그래서 영혼 떠난 육신일지언정 구릉 너머 이웃에 붙잡아놓고는, 때마다 산 자들이 음식을 차리고 술을 부으며 그 운명을 애써 부인하는 것이다.

그럴 바에는 차라리 대만 사람들처럼, 무덤 곁에 한 평짜리 가옥을 짓고 전기를 끌어다 TV를 켜 놓는 것도 좋은 방법일 것이다. 태양신의 아들을 자처했던 고대제국의 황제들도 홀로 떠나야 하는 사망길이 얼마나 두려웠으면 궁을 지키고 시중들던 그들을 모조리 생매장해서 곁에 두려 했을까? 그런 점에서 고독은 죽음의 그림자요, 절망 또한 사망의 그림자다.

그것을 따돌리려고 온힘을 다해 생존의 쳇바퀴를 굴려야 하는 것이 산 자의 숙명

《대지의 일상》 72.7×60.6cm Oil on canvas 1998

이다. 그러다가 동력이 소진되면 입맛도, 살맛도 사라지고 세상살이마저 서러워진다. 그때는 사망의 손아귀에 등덜미를 내어주는 것도 그리 어렵지 않은 일이다마는, 그것은 동력이 소진 될 때나 할 이야기다. 그래서 사후는 알 수 없기에 너나없이 노후대책에 그토록 골몰하는 것이 아닌가.

그렇다면 '봉안터널'도 질주하는 자들을 가두지 못해서 그렇지, 다섯 개 입 벌린 무덤이다. 터널을 모두 통과할 즈음, 어둠을 뚫고 들어오는 밝은 빛 탓에 운전자를 사로잡던 상념은 금세 사라지고 만다. 그렇게 산자들은 굉음을 울리며 질주하는 바이크족의 뒤를 따라 다섯 개 무덤을 관통하고는 팔당대교를 건너고 미사리를 지나 서울로 진입하게 된다.

서울. 그래, 그곳이야말로 쉴 새 없이 쳇바퀴 돌리는 다람쥐 세상이었지. 도토리 키 재기 하듯 온갖 자랑과 경쟁에 여념 없어도, 희망 차고 활기 넘치는 세상이다. 저마다 사력을 다하지 않으면 제정신이 번쩍 드는 곳. 행여 제정신이 든다면 쳇바퀴는 동력을 잃고 창문 없는 흙집으로 내쫓긴다. 그렇다고 걱정할 일은 아니다. 쳇바퀴에 발이 붙어 있는 한, 세상은 제정신 들도록 놔두지 않을 테니 말이다.

그러니 넋이야 빠진들 어떠랴. '봉안터널'을 모두 통과할 즈음엔 구릉을 낀 두 마을에 대한 상념도 언제나 그때뿐이었던 걸.

《귀향 (2)》 Oil on Canvas 72.7×50cm 2019

억척스럽게 먹어대다가 환골탈태한 나비는 저주스런 몸뚱이를
그리스도와 함께 해골산에 못 박고 별들 저편으로 비상하는 신부로서 메타포다.

귀향

애굽의 더부살이 430년 만에 모세는 이스라엘을 이끌고 귀향길에 나섰다. '바로'의 노예 60만 장정이 가나안을 정복할 '야훼의 군대'로 바뀐 때는 야훼께서 온 애굽의 장자를 치시던 아빕월月 보름밤이었다. 해질녘, 어린 양을 잡아 그 피를 문설주에 바르고 불에 고기를 구워 신을 신은 채 화급히 먹었다. 그 기이한 행태는 애벌레가 고치 속에서 나비로 변신하듯 은밀한 의식이었다.

마음이 더욱 완악해진 바로는 홍해 앞까지 노예들을 추격했다. 그들과 거리가 좁혀지자 탈주를 이끌던 구름기둥이 후미로 옮겨감으로써 저들은 흑암에 휩싸이고 앞을 가로막던 바다는 거센 동풍에 갈라졌다. 휘영청 달 밝은 그 보름밤에 막힌 출구가 열렸던 것이다.

대홍수에도 비 한 줄기 맞지 않던 '노아' 가족처럼, 이스라엘은 바다를 마른땅으로 건넜고, 뒤를 쫓던 저들은 홍수에 쓸려간 그들처럼 바다에 수장되었다. 이 같은 사건은 이미 야곱에게도 있었다.

야곱이 외삼촌의 추격을 물리치고 어렵사리 '얍복 강'에 도착하자, 앞서 보낸 종들로부터 에서가 400명 군사를 이끌고 오고 있다는 보고를 들었다. 그는 에서에게 환심을 사려고 재산을 두 떼로 나눠 선물 공세를 했다. 그러고도 잠 못 들자 가족마저 방패막이로 밤길을 떠나보냈다.

그것이 야곱이 할 수 있는 마지막 꾀였다. 청춘을 불태웠던 20년 세월, 그가 얻은 것이라고는 주름진 얼굴에 뜬구름 쫓던 허송세월과 결코 떨쳐버릴 수 없는 에서에 대한 두려움이었다. 그의 고달픈 여정은 밤 깊은 '얍복 강'변에서 멈췄다.

《언약의 밤(3)》 Oil on Canvas 91×73cm 2019

날이 새면 저들의 난도질에 들짐승 먹이 신세다. 두렵고 암담한 밤은 깊어 가는데, 누군가 홀연히 나타났다. '벧엘'에서 꿈에 하늘 문을 오르내리던 천사일까? 야곱은 그를 덥석 움켜잡았다. 칠흑 같은 어머니 배 속에서도 에서를 놓지 않고 세상에 나왔던 그였는데 어림없지. 얼마나 시간이 흘렀을까? 그는 밤이 새도록 야곱을 떨쳐내지 못하자 그의 둔부를 후려쳤다.

야곱의 대퇴골이 어긋났다. 둔부 근육이 파열되면 좌골신경이 밀려나 그 통증은 견뎌내지 못할지라도 야곱 아닌가. 그는 이스라엘이 될 열두 아들을 강 건너 보내고 홀로 어둠과 씨름하는 모세의 전형이었다.

"새벽이 오려하니 제발 놔라!"

어둠 건너편에 '에서' 군사들이 달려오고 있는데, 그새 새벽이라니…….

"내게 축복 않고는 죽어도 못 놔!"

"그래, 네가 하나님과도 사람들과도 겨루어 이겼으니, 이제부터 네 이름 '야곱'은 《이스라엘》이라 불리리라."

그는 어머니 배 속부터 에서 발목을 잡고 놓아주지 않더니 종국에는 그를 속이고 아버지를 속여 장자의 명분과 축복을 받아낸 끈질긴 인생이다. 아내들과 열두 아들에 재산을 모으기까지 외삼촌과도 기나긴 싸움에서 이겼던 그에게 해결하지 못한 하나는 형의 원한이었다. 마침 그 밤중에 천사가 에서처럼 야곱에게 붙잡혔던 거다.

어머니의 깜깜한 태중에서 에서 다리를 붙잡고 나오듯 그 두려운 밤을 불구가 된 채로 천사의 다리를 붙잡고 빠져나왔다. 그는 지팡이에 매달린 채 망가진 다리를 끌며 '에서' 앞에 나타나 일곱 번 엎어지듯 절했다. 복수에 혈안이 된 그에게 예기치 않은 야곱의 몰골은 원수가 아니라 가련한 동생이었다. 에서는 달려가서 야곱을 부둥켜안고 서로가 한바탕 눈물을 쏟았다.

그는 자신이 불구가 되고서야 형과 화해가 성사되고 사람과 하나님을 이겨 하나님께로부터 《이스라엘》이라는 영광스러운 날개를 달았다. '이긴 자의 구원'이란 그런 의미다.

그의 후예들이 모세를 따라 다다른 홍해의 달빛 아래 신비의 출구가 열렸다. 그들은 야훼께서 아브라함에게 언약하신 밤하늘의 별이 되기 위해 죽음의 바다 너머 하늘 높이 날아갈 것이다. '베토벤'은 합창교향곡에 '프리드리히 실러'의 시를 실은 「환희의 송가」로 장엄한 그 정경을 노래했다.

> ♬ …… / 환희여-! / 수많은 별들이 무한한 하늘의 궤도를 즐겁게 날듯이 / 형제여-! / 별들 저편에는 사랑하는 주님이 계시는 곳 / 억만 백성이여, 엎드려 송축하지 않겠는가? / 별의 저편 / 사랑하는 주님을 찾으라 / 별들이 지는 곳에 주님이 계신다 ♪

《호렙산의 영광》 Oil on Canvas 130.3×93cm 2018

'호렙 산' 언약

모세의 삶은 인생이 광야길 임을 일깨워주는 선지자의 족적이다. 라일강의 하류 비옥한 고센 땅에 이스라엘 70인이 거주한 지 4세기를 맞으면서 팽배해진 인구증가는 힉소스 왕조를 멸망시킨 새 왕조로서 위협이었다. 바로는 대적들의 침공에 혹시나 그들이 연합할까 미연에 방지하기 위해 신생남아를 제거하려 들었다.

그런 배경에서 태어난 모세는 갈대상자에 실려 바로의 왕궁으로 흘러들어갔고, 공주는 그 아이를 양자로 키워 40세가 되도록 장성하자 우여곡절 끝에 미디안 광야로 달아나 40년을 목자로 살았다.

그렇게 한 생애를 마칠 80나이에 야훼께로부터 '내 장자 이스라엘'을 광야로 인도해서 절기를 지키라는 소명을 받았다. 모세는 백성들을 황야로 이끌고서 '호렙' 산에 올라가 40일을 금식하며 하나님 백성으로서 계율과 절기제사를 들었다.

언약 백성 진영의 중앙은 황막한 황야일지라도 에덴동산과도 같은 '교회'였다. 그들은 하늘의 만나와 반석의 생수로 살아갔으며 성막에서 솟는 구름과 불기둥의 야훼의 임재에 보호받았다. 모세는 40년간 광야에서 목자로 살다가 여호수아를 앞세워 백성들로 약속의 땅을 정복케 하고는, 비스가 산꼭대기에 올라 요단강 건너 약속의 땅을 내려다보며 눈을 감았다.

그러나 백성들은 여호수아가 산 날까지 야훼 하나님을 섬겼을 뿐, 후세대는 야훼가 누구신지 알지 못했을 뿐더러, 야훼께서 어떻게 그들을 인도해 내셨는지도 알지 못했다.(수24:21) 그들이 바벨론 유수기幽囚期를 끝내고 돌아와 성전을 재건해서 제사를 회복했음에도 끝내 여호와를 알지 못했다. 역사란, 다람쥐 쳇바퀴 돌리듯, 돌고 돌다 떠나는 40년 광야 길의 궤적으로서 슬픈 에덴의 동쪽 이야기다.

《선장의 망상》 Oil on Canvas 7207×60.6 1994

그 이름 '바요나 시몬'

'가이사랴 빌립보'(Caesarea Philippi)는 헤르몬 산기슭에 있는 도성이다. 갈릴리 분봉 왕 '빌립'이 그곳을 재정비해서 가이사 신전을 세우고 황제에게 봉헌했다. 하나님께서 이스라엘에 허락하신 땅에 헤롯의 '가이사랴'에 이어 또 하나 '가이사 성'이 들어선 것이다.

어느 날 예수께서 제자들을 데리고 그곳에 가셔서 마을을 둘러보고 온 제자들에게 물으셨다. "사람들이 인자를 누구라더냐?" 그들이 세례 요한, 엘리야, 예레미야 같은 선지자 중의 하나로 알고 있다고 대답했다. "그렇다면, 너희는 나를 누구라 하느냐?" 베드로가 대답했다. "주는 그리스도시요, 살아계신 하나님의 아들이십니다."

그 대답을 들으신 예수께서 베드로를 '요한의 아들, 바요나 시몬'으로 부르셨다. 그것을 알게 하신 이가 하나님이시기 때문이다. 그리고는 예수께서 지어주신 이름을 상기케 하셨다. "너는 '베드로(Petros,Πέτροζ')라, '이 반석(Petra,Πέτρᾳ') 위에 '내 교회'를 세우리니, 음부의 권세가 이기지 못하리라" 하시며 '천국열쇠'를 네게 주겠다고 언약하셨다.(마16:18)

베드로(Petros)는 반석이다. 예수께서 내 교회를 세우시겠다하신 이 '반석(Petra)'은 이름에 쓰이지 않는 여성명사로서 땅위에 솟은 바위산이며 모든 바위들의 모체다. '이 반석'에 '내 교회'를 세우고 '천국열쇠'를 주시겠다는 말씀이 공교롭다.

예수께서 죽임당하고 제 삼 일에 살아날 것을 처음으로 밝히신 때가 베드로의 그 고백을 들으시고서다. 그 장소가 마침 '가이사랴 빌립보'였던 것, 그 또한 공교롭다. 제자들은 예수께서 왕위에 오르시면 그 곁에서 한 자리 차지할 속셈이었는데, 이제 와서 죽게 될 거라는 황당한 말씀에 베드로가 스승을 붙잡고 언성을 높였다.

"그런 말씀 마십시오. 이 일이 결코 주께 미치지 않을 겁니다."

"사탄아! 내 뒤로 물러가라. 나를 넘어뜨리려는 자가 너로구나"

예수께서 그에게서 보신 것은, 광야에서 굶주렸을 때, 자기를 시험하던 바로 그 사탄이었다.

예수께서 제자들과 함께 '가이사랴 빌립보'에 가신 까닭은 천국복음 설파도, 불치병자 치유도 아니었다. 그곳은 오직 카이사르만이 주요 그만이 신의 아들로 숭배되는 세상으로 떠나기에 앞서, 사도로서 그 고백을 해야 했던 현실과 미래교회의 현장이었다. 마침 그곳에서 베드로가 사탄의 대리자가 되어 그리스도의 구속사역을 가로막았던 것이다.

예수께서 관원들에게 잡히시자 제자들이 혼비백산했던 때는 예루살렘에서 마지막 유월절만찬을 나눴던 그날 밤이었다. 베드로는 요한의 도움으로 대제사장 관저에 들어가서 사태 추이를 살피다가 세 번이나 정체가 발각되었다. 그는 그때마다 예수를 모르는 사람이라며 저주할 때, 마침 새벽닭이 울어댔다. 그는 그 소리에 놀라서 뛰쳐나가 그에 화답하듯이 대성통곡하고는 어둠 속으로 달아났다.

때는 명절이라 온 백성이 예루살렘에 몰려들었다. 예수께서는 헤롯왕궁을 오가며 밤새 시달리시다가 동이 트자 백성들 앞에서 등뼈가 드러나도록 채찍을 맞으셨다. 급기야는 해골산으로 끌려가 못 박히시고, 제자 중에 요한만이 스승의 죽음을 지켜보았다.

예수께서 '내 교회'에 관한 아리송한 언어유희는 장차 도래할 교회시대에 대한 묵시였을까? 384년 성경은 라틴어 '벌게잇'(Vulgate, Vulgata) 역으로 어렵사리 번역된 4복음서를 트리엔트 공의회가 정경으로 인정했다. '베드로'든, '페트라'든 반석은 반석이라 그랬던지, '바요나 시몬'의 후예들은 베드로 무덤이라는 곳에 교회를 세우더니 그를 초대교황으로 소환했다. 마귀가 광야에서 예수께 유혹하던 '천하만국과 그 영광'이 로마교구에서 성취되었던 것이다.

칼리스투스 1세(217-222년)는 일찌감치 베드로의 후계자가 로마 주교라고 주창했고, 그레고리 1세(590-604년)는 '교황'(pope)으로 호칭되더니, 인노센트 3세는 '하나님의 대리자'를 자처하며 그때부터 천상, 천하, 지하의 통치자로서 삼층 관을 썼다. 급기야 1870년 제1차 바티칸공회가 "로마 교황은 성 베드로의 후계자로서 그리스도의 참된 대리자이며 전체 교회의 우두머리"라고 선포했다.

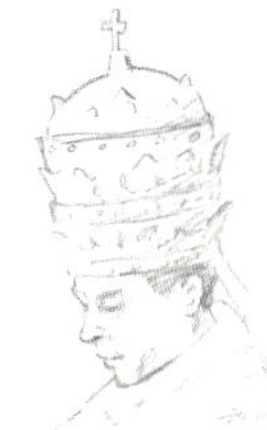

한 손에는 천국열쇠를, 또 한 손에는 그리스도의 대리자로서 천하 권세를 거머쥔 일천 년 어둠의 세월이 지나고 또다시 5세기가 지났어도 세상은 여전히 어둡고 새벽닭은 여전히 운다. 그래서였는지, '바요나 시몬'의 고백 또한《가이사랴 빌립보》를 떠나지 못하고 '베드로의 위대한 고백'이라 칭송을 마다하지 않는다.

새벽닭처럼 목청껏 통곡하고도 돌아서지 않는 그 발걸음, 정작 돌아온 것은 '바요나 시몬'의 망령이었는지도 모른다.

《침묵하는 별》 Oil on Canvas 73×53cm 2019

침묵하는 별

본향을 뛰쳐나온
별동별의 그 노래
天上天下唯我獨尊

밤이면 밤마다
아들 찾는 퀭한 달빛
하늘가득 반짝이는
저 별들은
애 절은 아버지 눈물

육신에 갇혀 웃고 울다 홀연히 떠나는 인생, 서로가 뒤얽힌 세상에 태어났던 까닭에 인간 실상이 고립된 존재인 줄 몰랐는가, 벽공회귀 망각의 도도함이여 가공의 별 띄워 찾은 건 에덴 삼킨 블랙홀이었지, 달빛 퀭한 아버지 눈, 죽은 아들 찾아 밤이면 밤마다 하늘 가득 별을 띄운다.

《공간배열 07-1》 Oil on Canvas 162.2×130.3cm 2007

낙타와 바늘귀

율법을 지키며 살았다는 부자 청년 관리가 예수께 찾아왔다. 영생하려면 무슨 선한 일을 해야 할지 그가 묻자 예수께서 대답하셨다. "네 소유를 다 팔아 가난한 자들에게 주라. 그리하면 하늘에서 보화가 네게 있으리라. 그런 후에 나를 따르라."

그는 자기야말로 천국에 들어갈 자들의 표상이라는 칭찬을 기대했으나, 뜻밖의 말씀에 근심에 싸여 발길을 돌리고 말았다. 이 일이 있고서 예수께서 제자들에게 말씀하셨다.

"낙타가 바늘귀로 들어가는 것이 부자가 하나님 나라에 들어가는 것보다 쉬우니라."

제자들은 그 말씀을 듣고 몹시 놀랐다. 그렇다면 누가 구원을 받겠냐고 묻자 예수께서 "사람으로서는 할 수 없으나 하나님으로서는 다 하실 수 있다"고 대답하셨다. 하나님께서 부자들의 재산을 빼앗기라도 하신다는 걸까? 그 비유가 얼마나 귀에 거슬렸으면 예루살렘에 '바늘귀'라는 작고 낮은 문이 있었다는 말이 중세 때부터 나돌았다.

'낙타와 바늘귀' 이 비유는 성직자들과 영주가 한 통속이던 중세시대 너머 오늘날까지도 부유한 기독교인들에게는 듣기 거북한 말씀이다. 다윗은 그들에 대해 하나님께 신원伸寃했다. "여호와여, 이 세상에 살아 있는 동안 그들로부터 유산을 물려받은 사람들에게서 주의 손으로 나를 구원하소서. 그들은 주의 재물로 배를 채우고, 자녀로 만족하고, 그들의 산업을 그들의 어린아이들에게 물려주나이다."(시편17:14) 그 꼴을 보는 것이 그에게는 고통이었다. 그렇다면, 그에 해당되지 않는 사람이 얼마나 있을까.

예수께서 천국을 '밭에 감춰진 보화'에 비유하셨다. 밭주인이 요구하는 금액에

단 한 푼이라도 미치지 못하면 낭패라서 자기 소유를 남김 없이 다 팔아야 한다. 오순절 성령 강림하심에 탄생한 예루살렘 교회에서 그 같은 일이 실제로 있었다. 교회 일원이었던 '아나니아'와 '삽비라' 부부는 자기 소유를 모두 팔고서 그중 일부를 감추었던 탓에 '베드로'의 책망을 듣고 그 즉시 영혼이 떠났다.

천국이 가난한 자의 것이라 하심임은, 천국은 세상 어떤 것으로도 배부르지 못하는 이들의 것이라는 의미다. 다윗은 사울 왕에 쫓기는 생사지경에서도 "여호와는 나의 목자시니, 내게 부족함이 없다"고 고백할 수 있었고, 하나님께 부자들의 행태를 신원하며 "나는 깰 때에 주의 형상으로 만족하게 될 것"이라고 읊조릴 수 있었다.

신앙으로 착각하게 하는 현상 하나가 있다. 부자 청년처럼 천국과 이생이라는 일거양득의 믿음을 확인받기 위해 예수께 나오거나, 또는 그 사이에서 발생하는 심리적 갈등을 겪으며 인생을 오락가락 허비하는 경우다. 그런데, 그런 이들에게 희망을 주는 묘약이 있다.

"기독교인이 잘되는 것이야말로 복음전파의 지름길입니다. 왜냐하면, 사도 요한도 「가이오」에게 '사랑하는 자여 네 영혼이 잘됨같이 범사에 잘되고 강건하기를 내가 간구하노라' 했거든요."

그렇다. 예루살렘에 '바늘귀'라는 문이 있었다고 둘러대지 않아도 된다. 오늘날 '아나니아'와 '삽비라' 같은 부부는 칭송을 들으면 들었지, 그 일로 급사했다는 소식은 전해진 바 없지 않은가. 그렇듯 계명을 지키며 근채의 십일조까지 바쳤을 부자 청년 역시 신앙인들의 롤 모델이 되면 되었지, 그에게 영생 여부의 잣대를 들이댈 일은 없을 거다. 그렇다면, 교회가 하나님 나라의 모형이요 그리스도의 몸이었던 때가, 아나니아와 삽비라가 죽던 그 한때뿐이었다고 굳게 믿어야만 한다.

《엠마오로 길》 162.2×130.3cm Oil on Canvas 2007

《공간배열 08-2》 Oil on wood 20×60cm 2008

‘바알세불’과 집파리 현상

파리는 종류도 많지만, 집안이나 창고 같은 공간을 좋아하는 것은 ‘집파리’다. 실내로 들어온 그것들은 탁 터진 공간을 오고가며 비행을 즐기는 습성이 있다. 어쩌다 자동차 속으로 들어온 파리는 팔을 저어 쫓아내려 해도 좀처럼 창밖으로 나가지 않는 경험을 하게 된다.

청명한 날에 땅 위에다 나무기둥 네 개를 세우고 그 위에 합판을 올리면 어디선가 그것들이 기둥 안으로 들어와 그 안에서 오락가락 비행을 즐기는 현상을 관찰할 수 있다. 프레임(Frame)에 들어와 노는 그 현상은 사람에게도 있어, 그것을 이용하는 이들이 정치가다.

이를테면 ‘북풍’이라는 지붕 얹고, 그 사례들로 기둥을 세워 프레임을 짜놓으면 보수성향 사람들이 결집하는 현상이다. 반대쪽도 마찬가지다. 북풍의 허구를 조명해서 진보성향 사람들의 결집 현상을 노리는 프레임이다. 중도층 흡수는 그 프레임이 얼마나 자극적인가에 달려있다. ‘주사파’니, ‘친일파’니 해묵은 프레임 전쟁이 이 땅에서 떠나지 않는 까닭이기도 하다.

교회는 『진리의 터 위에 선지자와 사도들의 기둥으로 세워진 그리스도의 몸』으로써 성경이 명시하는 진리의 프레임이다.(엡2:20, 딤전3:15) 그럼에도 누군가는 그럴싸한 모토로 또 다른 프레임을 만들어 덧댄다. 이를테면 ‘목회철학’이니, ‘목회비전’이니 하는 지붕에 ‘선교하는 교회’, ‘찬양하는 교회’ 또는 ‘말씀충만, 성령충만, 은혜충만’이라는 기둥이다.

또 하나가 있다. 교회의 터가 바로 ‘진리’이신 하나님 말씀임에도 굳이 ‘하나님 중심’, ‘말씀 중심’ 갈라내어 ‘교회 중심’이라는 사족을 다는 것이다. 그렇게 내세운 『하나님 중심, 말씀 중심, 교회 중심』 얼마나 풍성한가. 그럼으로써 양적 성장 또한 증명 되니 그 누가 알랴마는.

선악과 나무 아래가 곧 강단이라는 등식은 성립될까? 강단 배면에 십자가 걸고 그 앞에서 자기 해석의 기둥을 세우는 파리 떼 왕 '바알세불'(Baalzeboul)이여! 교황을 아비로 둔 중세 교회가 면죄부 프레임에 춤 췄듯이, 현세 교회는 세상을 아비로 둔 진노의 자식들이 그 프레임에 몰려들어 춤추는가.

'여호와여, 수일 내에 성전을 건축하게 하소서' 강단 벽에 프레임을 내건 까닭은 중세 교회가 구가했던 찬란한 그 시절이 그리워서였지. 그래서 예배당 건축은 성전 건축이 되더니, 목사는 성직이, 예배당 기물은 성물이, 이스라엘 땅은 성지가 된지 오래다. 무슨 까닭에서였을까. 내가 믿지 않겠다면 하나님께서도 별 수 없다는 인간의 자유의지에 목이 곧았던 탓일까?

나의 고매한 '목회철학', '목회비전' 지붕 얹고, '하나님 중심, 말씀 중심, 교회 중심' 삼박자 기둥에다 '말씀 충만, 성령 충만, 은혜 충만' 삼박자 간판 내건 까닭에 교회가 보암직하고 탐스러워졌던 거지. "이토록 큰 교회는, 너무나도 무겁고 큰 십자가예요!" 강단에서 흔드는 그 프레임에 '아멘'으로 화답하는 파리 떼 현상. "그래, 저 힘든 짐을 도대체 누구한테 지우냐?" 목회자 세습이 하나님 뜻이 되는 것도 순간이었다.

《엉겅퀴》 Oil on wood 20×60cm 1993

《회복의 시간》 Oil on Wood 22×23cm 2022

마천루摩天樓의 환영幻影

뉴욕 맨해튼에는 마천루가 하늘을 찌를 듯이 빼곡하다. 그중 사람들 기억에서 떠나지 않는 것이 있다면, 단연 '엠파이어스테이트 빌딩'이다. 오늘날 그보다 더 높은 빌딩이 세상에 없으랴마는 당시 가장 드높았던 '102층' 숫자가 뇌리에 각인되었던 탓에 어느 것도 그 명성을 능가하지는 못한다.

그 빌딩이 한때 재정 악화로 매각 위기에 처하자 다시금 세상 이목을 끌었다. '통일교'가 매입하려 든다는 뉴스가 미국 교계를 뒤숭숭하게 했고, 급기야는 기독교도들이 모금운동을 한다는 소식이 뒤따랐다. 그 같은 일련의 사태가 우리에게 한낱 스쳐가는 뉴스였던 것은, 그 빌딩을 풍요의 상징으로 인식했던 탓이다.

'엠파이어스테이트 빌딩'의 '102'층은 '메이플라워' 호에 승선했던 필그림 청교도들의 숫자다. 그렇다 한들 세상이 관심인들 있을까마는, 그것은 엄연히 '신앙의 자유'라는 미국 건국이념이 서린 기념물이다. 기독교가 유럽에서 문화가 되었고 미국에서는 기업이 되었다고 말들 하지만, 오늘날 신자 떠난 유럽 교회당은 중세 교회가 벗어놓은 허물 아닌가.

그러나 미국의 엠파이어스테이트 빌딩은 오늘날까지도 세상에 복음을 전하는 나팔수의 표상이다. 그 경이로운 열매가 오늘날 대한민국의 기독교다. 그럼에도 우리 눈에 미국은 군사력과 경제력의 최강국이요, 그 빌딩은 최첨단 문명의 바벨탑이었다. 그래서 흩어짐을 막기라도 하려는듯이 말 한 마디에도 영어 단어를 끼워 넣어야 말맛이 나고, 그들의 언어를 유창하게 구사해야 우쭐댈 수 있는 것이 현실이다.

《불 꺼진 등잔》 Oil on Canvas 53×45.5cm 1991

시류가 그렇다보니, 너나없이 자녀들을 미국 유학길에 떠나보냈던 것이다. 그런데, 뒤질 새라 그 길에 맨 앞장섰던 사람들이 미군 물러가라며 머리에 붉은 띠 동여매고 악다구니를 치던 사람들이었다니……. 아름다운 강산에 일으킨 그 광풍은 '미순이 효순이', '광우병쇠고기' 함성이었지.

그새 우리 의식 속에 찬연했던 나팔수는 바벨탑으로 둔갑한 탓인지 흠모와 질시가 뒤섞인 착란현상이 일어났던 것이다. 미국 시민권과 미국 박사학위가 마냥 자랑스럽다가도 미국대사관에 돌팔매질에 폭탄 투척마저 서슴지 않는 아이러니는, 그것이 오늘날 '야누스' 얼굴을 한 우리의 민망한 자화상이다.

'102층', 부럽기만 한 그 마천루가 악에 찬 '돈키호테' 한쪽 눈에는 무찔러야 할 거대한 환영이요, 또 한쪽 눈에는 번영 어린 꿈이었다. 이 땅에 '기독교 입국론'이 심겨진 지 70여 년이 지났음에도 그 사이를 오락가락 떠도는 몽유병 증세는 원수가 뿌린 가라지였지.

정녕 숙명이었던 걸까? 빨강 파랑으로 잘리고도 한몸 되어 맴도는 저 태극문양. 봄이 오고 여름이 와도 허리 끊긴 휴전선 너머는 여전히 한파 몰아치는 동토凍土인데, 이쪽에는 봄바람이 동서로 분다고 '중국 夢' '미국 夢' 비몽사몽이라니……. 그러는 사이 세월 따라 들러붙은 온갖 누룩에 부풀대로 부푼 열두 개 성전 떡은 매입자들이 사모하는 '102층'의 그림자였을까?

풍전등화 가물거리는 불꽃이여 들리는가? 그칠 줄 모르고 맴도는 태극의 환영을 깨우던 선구자의 그 절규. "그리스도께서 우리를 자유하게 하려고 자유를 주셨으니, 그러므로 굳세게 서서 다시는 종의 멍에를 메지 말라." 하셨음이.(갈5:1)

《공간배열 08-2》 Oil on Canvas 194×130.3cm 2008

동짓날 팥죽 한 사발

어느 날 해 넘어가는 저녁, '히브리'인들의 움직임이 수상쩍었다. 양을 잡아 집 문설주와 인방에 피를 바르더니, 그 고기를 남김없이 구워먹는 거다. 초봄인데도, 그들은 그때 그 달을 정월로 정하고는 '니산 月(아빕 月)'로 불렀다. 그달 14일, 양 잡는 '유월절'은 장차 오실 '메시아'의 그림자였다.

그 실체로 오신 예수께서 한낮이 칠흑같이 어둠 덮인 유월절에 '골고다'언덕에서 운명하시더니 사흘이 지나자 부활하셨다. 그날이 매년 춘분이 지나 만월滿月이 뜨고서 첫 주일에 지키는 '부활절'이다. 그 후로부터 교회에서 성찬예식 때면 붉은 포도주와 둥근 무교병無酵餠을 나누어 먹었다.

우리는 이웃이 몇 집 안 되는 전원주택에 살고 있다. 옆집에는 쾌활한 젊은 부부가 살고 있는데, 그들의 행동도 가끔은 수상쩍었다. 그들이 집을 짓더니, 들어와 살기도 전에 거실을 차지하고 있는 것은 엉뚱하게도 '달마승'이었다. 거실 한가운데 샹들리에에 매달아 놓은 족자 속에서 머리카락이 한줌도 안 되는 대머리 '달마승'이 내가 지나갈 때마다 큰 눈을 부라리며 노려보고 있었다.

그들이 이사 오고서야 달마승은 임무를 다했는지 보이지 않았고, 매년 동짓날 밤이면 그의 아내가 말없이 팥죽을 쑤었다. 달마승과 꼭 닮은 남편은 팥죽을 들고 누가 볼세라 어두울 때를 기다렸다가 집주변 곳곳에 뿌렸다. 그가 밤이 되어서야 팥죽을 들고 나오는 까닭이 있다. 해가 길어지는 시작점인데다가 잡귀는 그 밤에 나다닌다는 속설이 미더웠기 때문이다.

《부활하는 해변의 아침》 Oil on Canvas 53×33.4cm 2022

태양이 다시 소생한다 해서 이른바 '새해'다. 그 빛 아래 사는 자들이 붉게 소생하는 태양을 맞이하기 전에 그것을 시기하는 잡귀를 달래야 했다. 그래서 태양을 물에 삶아 빨개진 팥죽 한 사발 들고 나와 "고수레~" 하는 것이다. 귀신이 둥근 사발에 담긴 빨간 팥죽이 태양인 줄 알고 속다니…….

설날은 해가 바뀐 첫날이라 온 국민이 즐거워하는 대 명절이지만, '무속인'들에게는 밤길이가 가장 긴 동지冬至날 밤을 지내고 나야 새해다. 그래서 그 밤은 양손에 쌍칼을 들고 길길이 날뛰며 온갖 대감, 온갖 장군을 불러내는 굿을 하고, '역술인'들은 밤낮 길이가 같은 춘분春分이 새해라며, 그때면 귀신이 일러준 새해 운수로 점을 치고 액땜을 한다.

그래서인지 입춘이면 대문마다 입춘대길立春大吉, 건양다경建陽多慶 써 붙이고 무병장수, 소원성취, 만사형통 만복을 기원한다. 구세주 탄생도 해가 길어지기 시작하는 로마인들의 '태양절'에 맞추어야 실감이 났던지, 12월 동지에서 이삼일 지나면 어김없이 '성탄절'이다.

태양빛이 두루 비취는 곳이 저들의 세상이었을까. 옆집 젊은이는 매년 동짓날이면 즐거움에 겨워 'O solemio'를 잘도 부르더니, 지난 동짓날도 태양 삶은 팥죽 한 사발 들고 나와 집 주변을 돌고는, 이내 들려주는 그 노랫소리.

♬ 케벨라코~사 나유나테 쏘올레
얼마나 멋진 태양인가
폭풍우 지나간 하늘은 맑고
바람은 상쾌한데
축제의 태양빛이 비쳐온다.
O! sole, O! solemio~!
찬란하게 비추인다 ♬

바로 옆집 이웃인데 어쩌겠나, 들어주는 수밖에.

《낮에 본 가을밤》 Oil on Canvas 72.7×60.6cm 2022

자정의 송구영신

설날 아침이면 '토정비결'로 신년을 점쳐보는 관습이 있었다. 토정 이지함의 도참서圖讖書에는 그해 운수 개설과 월별 운수가 한자 시구詩句로 적혀 있고, 그 아래는 한글로 풀이되어 있다. 이를테면 『꽃이 떨어지고 열매 맺으니 귀한 아들을 낳으리라』『북쪽에서 목성을 가진 귀인으로부터 도움을 얻으리라』 같은 희망이나, 또는 『이달에는 실물수失物數가 있으니 매사에 잃어버리지 않도록 주의하라』 같은 경각심을 일깨워주는 문구다.

글을 읽을 줄 모르거나 사주수치 계산법을 모르는 이들은 거리 모퉁이에서 잔돈푼으로 '새 점'을 봤다. 주인이 새장 사이에 가로막힌 창살을 올리면, 작은 새가 맞은편 함으로 부리나케 날아가 종이 말이 하나를 물고 돌아온다. 새가 물어다 준 종이에는 새해운수가 적혀 있다. 그런데 '토정비결'이든, '새 점'이든 그것에는 함께 살아가야 할 이웃도 나라도 없었다.

기독교인은 다를까? 거실과 사업장마다 성구액자 두세 개쯤 걸려 있지 않은 곳이 없을 정도다. 《너의 시작은 미약하였으나 너의 나중은 심히 창대하리라》《사랑하는 자여, 네 영혼이 잘됨같이 범사에 잘되고 강건하기를 구하노라》《주께서 내게 복을 더하사 나의 지경을 넓히시고……》 내가 있어야 이웃도 있고 내가 있어야 하나님도 있다는 믿음 탓이었을까? 그 문구들 역시 이웃도 하나님 나라도 없는 오로지 자신만의 축복이었다.

그런 이들에게 복을 빌어주기 위해 성구액자를 싸들고 심방하는 목자들과 동행하실 주님께서 민망해하지나 않으셨을지……. 성경일지라도 독자에게 감동을 줄 때만이 비로소 하나님 말씀이 된다고 믿는 이들에게 복만큼 감동되고 달가운 성구가 어디 있을까? 그래서 문맥과는 상관없이 자신에게 감동 주는 구절만 골라 빨간 줄 힘껏 긋고는 수도 없이 마음에 "아멘"을 되새겼지.

또다시 새해가 왔다. 누군가는 어둠을 뚫고 솟아오르는 태양에 새해 소원을 빌겠다고 동해로 떠나고, 누군가는 종각으로 몰려가서 제야의 종소리와 매년 경청했던 희망의 메시지를 또다시 경청한다. 그 시간 교회서도 종소리 맞춰 '송구영신' 예배가 시작된다. 그렇게 새해는 다람쥐 쳇바퀴 돌듯 언제나 제자리로 돌아오고, 그러는 사이 날이면 날마다 '새날'인 것을 새해 시작점부터 까맣게 잊고 살겠지.

그런데, 언제부턴가 송구영신 예배가 마치면 《성구 뽑기 함》이 신자들이 내딛는 새해 첫걸음을 가로막고 있었다. 새해에 받아야 할 하나님말씀이라 하니 줄을 선다. 고개 돌리고 더듬더듬 뽑은 종이쪽지 펴들고는 기쁨에 취해 이구동성으로 하는 말이 있다. 자신이 기도할 제목에 어쩌면 그리도 딱 들어맞느냐는 탄성과 함께 성령님의 인도하심을 경험한다는 고백이다.

성구를 뽑던 집게손가락과 새의 족집게 부리는 무엇이 달랐던 걸까? 사주 계산으로 얻은 토정비결이나, 새가 물어다 준 문구가 세속인들에게는 요긴한 내용이다. 그렇듯이 어느 것 하나 교인에게 해당되지 않은 것 없는 성구가 새해만 되면 '새 점'을 방불케 하고 토종비결을 무색케 한다.

"교인들이 은혜 받고 행복해하면 됐지 뭘~!"

목자만 바라보고 뒤따르는 양들의 속성을 나무라야 하나. 세상 바라보고 배운 것이 포퓰리즘 목회였던 걸. 그러나 그런 항변도 좋을 때 이야기다. 코로나 펜데믹으로 썰물 빠지듯 썰렁해진 교회가 성구 뽑기마저도 그나마 낭만이었으니 말이다.

木板花 Oil on Wood 1997

《씨앗 담긴 컵(2)》 Oil on Canvas 72.7×65cm 2003

떡두꺼비

우리는 어린 시절 모래밭에서 두꺼비놀이를 하며 자랐다. 주먹 쥔 손에 축축한 모래를 덮고는 그 위를 불룩한 무덤 모양이 되도록 두드리는 놀이었다. "두껍아, 두껍아! 새집 줄게……." 동무들은 주먹이 잘 빠져나오길 입을 모아 불러대지만 기대는 없었다. 그저 마음 졸이는 놀이였다. 주먹을 조금씩 펴가며 조심스럽게 빼내어도 모래집은 이내 허물어지고 다음 차례를 기다리던 동무 역시 결과는 마찬가지였다.

그렇게 놀던 꼬마들은 모두가 떡두꺼비로 불렸던 아들이었다. 그들이 자라서 성공과 번영을 성취했다 해도 노경에 깨닫는 것은 그 모두가 어린 시절에 두드리며 놀다 허물어진 모래 더미였다. 어느새 보드랍던 얼굴에는 주름살이 패이고 손등은 검버섯으로 얼룩진 두꺼비 몰골이니 말이다. 그 때는 있지도 않은 새집을 주겠다며 헌집 내놓으라고 두꺼비를 불러댔던 건데, 그새 자신의 처지가 가련한 그 두꺼비일 줄이야 몰랐었지.

모래집을 나오면 대체 누가 새집을 준다는 건가. 그 노래가 슬픈 자기 운명의 독백인 줄 몰랐던가? 새집 주겠다고 불러내던 그 정체는 사망이었다. 그리고 보면 두꺼비놀이가 인간의 숙명을 자조하는 본능적 유희다. 오갈 데 없는 영혼을 달래며 불러내는 사망의 무정한 그 노래, 어머니 태중에서였지. 불거진 모태를 빠져나오면서 악을 쓰고 자지러지게 울었던 그 울음. 자라면서 모래밭에 모여 자신들의 탄생을 그렇게 자조했던 거였다.

그래, 다시는 돌아갈 수 없는 떡두꺼비집이 어머니 배 속이었지. "좀 더 힘쓰세요. 조금만 더요!" 때가 찼다고 불러내고 악을 쓰고 밀어대니 어쩔 수 없이 나왔던 건데, 떡두꺼비라니……. 그렇다, 죽음을 목전에 두고 보니 거칠고 질긴 두꺼비 몰골이. 그런데 그 낡은 몸도 모래집이라며 사망이 그마저 벗고 나오라고 불러대는 거다. 오갈 곳 없는 그 영혼을…….

유족이 몸부림치며 서럽게 우는 까닭은 때가 되면 그들 자신도 오갈 데 없는 처지가 빤하기 때문이다. 그때는 후손들이 대신 울겠지만, 그것만도 아니다. 망자의 설움이 언젠가는 자신의 설움이라 울 힘이 있을 이참에 미리 울어두는 거다. 그런데 사망의 절대 권세를 무너뜨린 사건이 벌어졌다. 그 권세를 파쇄하기 위해 창조주께서 인간이 되어 자기 백성의 사망을 대신 당하신 거다.

사도가 일갈했다. "사망아! 네 죽음의 쏘는 것이 어디 있냐?" "들어라, 내가 너희에게 비밀을 말하건데, 우리가 다 잠 잘 것이 아니라 마지막 나팔소리에 순식간에 변화되고 죽은 자들이 썩지 않을 몸으로 다시 살아날 것이다"(고전15:51,52)

그 비밀은 우리가 사망에 삼켜질 존재가 아니라 오히려 늙지도 썩지도 않을 몸을 입는다는 사실이다. 그래서 그리스도인의 주검 앞에서는 담대하게 재회의 환송을 노래하는 것 아닌가.

그래, 떡두꺼비 인생을 사망이 부른 게 아니었지. 영생의 집을 주겠으니 나오라고 그리스도께서 불러내셨던 거다. "수고하고 무거운 짐을 진 자들아 다 내게 오라, 내가 너희를 편히 쉬게 하리라"(마11:28)

《고난의 종》 Oil on Wood 23×22cm 2021

《마지막 잎새》 72.7×60.6cm Oil on Canvas 2022

마지막 잎새

내일도 창밖을 바라보다
회생한 인생
'오 헨리'의 마지막 잎새였지

루비 빛 쏟아 낸 저 핏물
붓끝에 달린 저 홍엽은
노화백의 마지막 잎새였지

우리의 추석은 유대의 수장절로서 장막절이기도 하다. 결실은 곳간에 수장收藏하고 그 선조들이 광야에서 장막에서 지냈던 것처럼, 한 주간을 장막을 짓고 그곳에서 지낸다. 봄 초실절에서 가을 수장절로 마치는 땅에서의 하늘농사다.

새해 새날이 열렸다 나팔을 불어라, '로쉬 하샤나(Rosh Hashanah)'. 수장절 앞서 거룩한 옷 입고 대제사장은 핏물 담아 지성소에 들어가라, '욤 키프르(Yom Kippur)' · 쇼파르(양각나팔) 하늘 높이 들고 새해 새날임을 한껏 불어 영원한 안식을 선포하라 로쉬 하샤나, 그 아침을.

영원의 상징 '팔 일째' 되는 날에 백성들은 총회로 모여 안식하리라. 단 한 번의 제물은 하늘과 땅 사이에 달린 주홍빛 핏자국, 하나님의 영원한 사랑이었네.

제3부 비아 돌로로사

《Via Dolorosa》 Oil on Canvas 72.7×53cm 2023

Via Dolorosa

자기 백성의 죄 짐을 지고 해골산으로 떠나는 비탄悲歎의 길 'Via Dolorosa'. 성경의 계시는 오직 구속 주 예수그리스도다. 마지막 유월절에 온 백성의 거국적 제사가 골고다에서 거행되었다. 좁은 그 길에 수만 백성이 몰려가고 수억만 순례자가 지나갔어도 자기 백성의 죄 짐을 지고 홀로 가시는 그리스도.

그것이 그리스도의 영광이었지. 예수께서 "누구든지 나를 따르려거든 자기를 부인하고 날마다 자기 십자가를 지고 나를 따를 것이라" 하셨듯이,(눅 2:23) 그리스도의 영이 심령에 내주하는 이들은 그처럼 따라야하는 비탄의 그 길이 곧 영광의 길이라는 패러독스.

그 길에서 땅위를 기던 자신을 부인하고 하늘의 존재가 된 흰 나비는 그리스도로 옷 입은 순결한 신부로서 고독한 이들의 메타포.

《가시면류관》 Oil on Canvas 50×73cm 2013

가시면류관

가시철망에 머리 묶여 잿빛으로 뒤틀리는 나목裸木, 배어든 녹물은 피멍이었다. 산야는 오색 단풍으로 가을축제 한창인데, 그 자리에 서보지도 못하고 말라죽어 폐기물 취급조차 받지 못하다가 '아틀리에' 창가에 한 자리 했다.

화폭에서 벌인 축제에나마 걸쳐 입은 루비 빛 영롱한 '배풍등' 열매 한 줌. 불가해한 영광의 패러독스는 가을 햇살에 깊게 드리운 그림자였다.

그가 찔림은
우리의 허물 때문이요
그가 상함은
우리의 죄악 때문이라
그가 징계를 받으므로
우리는 평화를 누리고
그가 채찍에 맞으므로
우리는 나음을 받았도다
- 이사야 53::5

《아사셀의 염소》 Oil on Canvas 91×65cm 2023

'아사셀'을 위한 염소

디스리월, 월삭月朔 나팔을 요란하게 불어 '나팔절'을 알림으로써 결실을 곳간에 수장하는 또 하나의 새해가 시작되고, 백성들은 이웃과 화해의 날로 보내다가 10일은 '속죄일'로 통회痛悔하는 날이다. 그날에 제사장은 선별해 둔 두 마리 염소를 각기 제비 뽑아 한 마리는 야훼께 번제로, 한 마리는 머리에 안수해서 백성들의 죄를 전가하고는 '아사셀'을 위해 광야에 데려가 버린다.

그렇듯 성령께 이끌려 광야에 버려진 예수께서 그곳에서 40일을 굶주리셨다. 그 '40'일은 노아시대 홍수로 지상을 덮던 날들이며, 홍해를 건넌 이스라엘이 가나안 땅을 정탐한 날들이다. 그 40일을 일 년씩으로 계산한 40년은 광야를 떠돌다 그곳에 묻힐 불신앙의 날들이다. 모세가 '호렙 산'에서 식음을 전폐하고 다시금 십계명을 받던 40일이었으며, 그가 애굽 왕궁에서 40년, 미디안광야에서 40년, 이스라엘을 이끌다 그들과 함께 죽은 광야 40년 세월이었다.

이스라엘이 애굽에서 살던 430년도 '4'자에 맞춰 400년으로 기술한 민족의 세월이다. 그런 계산이라면 사사시대도 400년이고, 신구약 중간기도 400년이다. 다시 말해 '40'은 저주받은 땅에서 살다 떠날 인생의 년 수요, '400'은 야훼께서 이스라엘에 대한 침묵의 세월이다. 그렇듯 숫자 '4'는 아담의 범죄로 인해 그의 근원이 저주받은 땅의 숫자요, 예수께서 겪으신 광야 40일도 세상 영광 찾다 영멸할 인생의 묵시적 숫자다.

그 40은 부활하신 예수께서 자기 백성들에게 보이신 소망의 역설적인 날이다. 그렇듯, 그리스도의 공생애公生涯는 앞뒤 40일간 사이에 천국의 신비를 공개하신 은총의 기간으로써 '40'이라는 끝 날까지 잃은 양을 찾으시는 땅의 이야기다.

아담은 흙에서 왔어도 예수께서는 성령으로 오신 '새 아담'이시다. 옛 아담은 과일나무가 지천인 에덴에서 그마저도 양이 안 차 금단의 선악과를 탐했다. 그러나 새 아담이 처한 곳은 황량하기 그지없는 광야다. 선악과 나무 아래서 끊임없이 내미는 뱀의 혀를 타고 마귀가 속살거렸듯이, 새 아담에게는 황막한 돌짝밭에서 짐승의 울부짖음을 타고 속살거렸다.(막1:13) 그래서 하는 말이다.

40일 금식이라면 생사의 갈림길이다. 어차피 때가 되면 물고기와 보리떡 몇 개로 4천 명도, 5천 명도 먹일 건데 이대로 굶어죽는다니, 돌로 떡을 만들어 먹지 말라는 계명은 없지 않은가? "네가 만일 하나님의 아들이거든 이 돌들로 떡덩이가 되게 하라" 예수께서 대답하셨다. "기록하였으되, 사람이 떡으로만 살 것이 아니라 하나님의 입으로부터 나오는 모든 말씀으로 살 것이라 하셨느니라."(신8:3)

마귀는 예수를 성전 꼭대기에 세우고 뛰어내리라거나, 천하 만국과 그 영광을 보이며 자기에게 경배하면 이 모든 것을 주겠다고 유혹했다. 그러나 예수께서는 그 때마다 기록된 하나님 말씀으로 반박하셨다. 광야에서 받으신 마귀의 시험은 그리스도의 공생애에서 현실이 되더니, 마침내는 해골산에서 제물이 되셨다.

언약 백성들은 광야 시절 만나를 입에 가득 물고도 애굽에서 먹던 노예 음식을 그리워했고, 오병이어로 배불렀던 후손들은 예수를 자기들의 왕으로 삼으려 했으며, 사도들은 스승과 더불어 누릴 천하 만국의 영광을 꿈꿨다. 예수께서 고난 중에 죽고서 사흘 만에 살아나실 것을 예고하시자 베드로가 스승을 붙잡고는 가르치듯이 "그런 일은 결코 일어나지 않을 것"이라고 단언했다. 예수께서 그에게 일갈하셨다. "사탄아 물러가라!" 광야에서 유혹하던 마귀가 이번에는 사도의 혀를 타고 끈질기게 뇌까렸던 것이다.

종국에는 십자가에 매달린 채 가쁜 숨을 몰아쉬며 "엘리 엘리 라마 사박다니!"

남은 힘을 다한 그 절규조차도 성경에 기록된 말씀이었다.(시21:1) 예수께서 보내신 공생애는 시험받으시던 광야의 실제로서 속죄일에 제비 뽑힌 두 염소는 공생애 시작과 그 끝의 묵시였다.

선악과 앞에서 뱀의 속살거림에 그리도 쉽게 넘어감으로써 아담의 근원이었던 땅이 덩달아 저주받은 줄 몰랐는가, 광야를 배회하다 어둠 속에 영멸할 40년 인생아. 가장 충성스럽던 사도가 '적그리스도'로 돌변하는 사태가 사망의 땅이었는가 하면, 또한 사도는 돈이 좋아 그리스도를 죽음에 팔아 넘겼던 그곳도 땅이었지 않은가.

《여섯 개의 돌떡》 Oil on Canvas 72.7×60.6cm 2003

어린양과 아사셀 염소

유대 백성 중에 13세 이상의 남자는 매년 세 차례 예루살렘 성전에 가야 한다. 무교절을 지켜야 하는 춘분 무렵 '아빕월月(니산月)'의 '초실절'에서 7주를 지난 다음날의 '오순절', 추분 무렵 '속죄일', '수장절'로 이어지는 '티쉬월月'의 '나팔절'을 지켜야 하기 때문이다.

초실절과 오순절, 수장절은 보리와 밀, 과일 수확의 감사제라면, 유월절과 속죄일은 가축을 바치는 대속代贖의 번제燔祭다.

그때 희생되는 소는 제사장과 그들 가족을 위한 화목제물이며, 양과 염소는 온 백성들을 위한 화목 제물이다. 그러나 염소만큼은 심판의 제물이다. 속죄일은 대제사장이 년중 단 한 차례 지성소에 들어가는 날이다. 그때 그릇에 담아가는 피가 '어린양의 피'가 아니라 '염소 피'다.(레16:15)

어린양의 살과 피는 백성이 먹고 영생할 표징인 것에 반해, 염소는 하나님의 공의를 충족케 할 심판의 대상으로서 그 피가 법궤 위 '속죄 소'에 뿌려지고, 광야에서는 아사셀을 위해 산채로 내어주는 속량贖良의 제물이다.

오병이어로 배불렀던 백성들이 다음날 갈릴리 바다 건너 가버나움까지 예수께서 찾아오자 "인자의 살을 먹지 아니하고, 인자의 피를 마시지 아니하면 너희 속에 생명이 없다"고 단언하셨다. 예수께서 역사적 마지막 유월절 식사를 제자들과 함께 하실 때도 무교병을 찢어 나눠주시고 포도주를 부어 주시며, 이는 "나의 살과 피"라 하시고는 그 유월절에 어린양으로서 죽으셨다.

예수께서 모든 천사와 함께 다시 오실 때에는 모든 민족을 그 앞에 모으고, 양은 오른편에 염소는 왼편에 둘 것이라 하셨다. 하나님나라를 상속 받을 자와, 마귀

와 그 사자들을 위하여 예비 된 영원한 불에 들어갈 자로 가르신다는 말씀이다.(마 25:31~46)

양은 태생이 양이고, 염소 또한 태생이 염소로서 하나님과 화목키 위해 각기 쓰임이 있다. 그렇듯이 예수께서는 도수장으로 끌려가는 '어린양'과, 아사셀을 위해 광야에 내던져지고 하나님 법궤 위에 부어질 피로서 '염소'라는 이중 적제물이셨다.

《샤론의 꽃》 Oil on Canvas 53×45.5cm 2011

《공간배열-열두 개의 컵》 Oil on Canvas 100×100cm 2022

남은 자 '7천 명'

성경에서 숫자 3은 성삼위 하나님을 가리키고, 4는 땅의 사방을 가리키고, 하나님의 수 3과 땅의 수 4가 더해진 7은 창조의 완성을 뜻하는 완전수로서 교회를 가리키는 수다.(계1:20) 하나님께서 여섯째 날에 아담을 창조하시고 일곱째 날에 안식하셨다. 그러므로 숫자 6은 땅에서 살다 떠날 인생의 수로서 불완전수다.

피조된 인간의 숫자가 셋인 '666'은 저주받은 땅으로 쫓겨난 아담의 후손들을 지배하다 영멸할 사탄의 상징수다. 그에 착안한 것일까, 한 입 베어 먹은 선악과를 상표로 한 애플사의 개인용 첫 컴퓨터 가격이 666.66달러였다. 그런가하면 창조주를 조롱하듯 대박을 걸어놓고 슬롯모션 앞에 앉은 군상의 허욕을 자극하는 수가 '777'이다.

숫자 '12'는 이스라엘 열두 지파요, '70'은 기근을 피해 애굽으로 이주한 이스라엘의 수다. 그들이 애굽을 탈출해서 도착한 '엘림'에는 12개의 물웅덩이와 그곳을 둘러싼 70그루 종려나무가 있었다는 점에서 그 숫자들은 하나님께서 아브라함과 맺은 언약 백성의 표징이다. 모세는 그 백성들의 지도자 70인 장로를 뽑았고, 예수께서도 12사도를 부르시고 70인 전도자를 파송하셨다는 점에서(눅10:1) 그 숫자가 무엇을 의미하는지 밝히고 있다.

그럼에도 서구인들은 성경에도 없는 13을 창안해서 대속의 은총을 덮었다. 제자들과 함께 하신 13인의 최후만찬이 '가롯 유다'가 배반한 금요일이었다는 이유로 13일에 금요일이 겹치기라도 하면 계약이든, 행사든 그날만큼은 피하는 미신이 신앙을 대치한 지 오래다.

그 '13'과 '777'은 불운과 행운이라는 점에서, 오직 현세적 행운과 평안만이 구원이라는 반 기독교적 의미의 숫자로서 짝을 이룬다.

어느 날 전람회장에 한 신앙인이 찾아와서 자신은 떠돌이 교인 신세라고 하소연했다. 일천번제 헌금설교를 듣고서 그것은 성경 왜곡이라고 교인들과 수군댄 것이 담임목사의 귀에 들어가는 바람에 이단 교인으로 지적되어 교인들에게 경계령이 내렸다는 것이다.

20년 전 일본 한인교회에서 새벽기도회 강단에 선 적이 있었는데, 그때 강단에 한 교인의 '일천번제 헌금' 봉투가 놓여 있었다. 한 번에 드리는 것보다는 천 일간 나눠드려서 하나님 마음을 낚시질하듯 하라고 가르쳤을까? 설마 하는 마음에 전람회를 주최한 교회의 주보를 살펴보니, 그곳에도 일천번제 헌금자 명단이 있었다.

솔로몬이 일천번제를 드린 후에 여호와께서 꿈에 나타나 물으셨다. "내가 네게 무엇을 줄지, 너는 구하라"(왕상3:4,5) 성경은 그가 제물로 드린 양과 소는 그 수가 너무나 많아 기록할 수도 없고, 셀 수도 없었다고 기록했다. 그나마 기록된 숫자로는 14일간 소 22,000마리에 양이 100,000마리, 도합 122,000마리다.(왕상8:5, 6:3) 그럼에도 성경은 '일천번제'라고 했다. 일천번제 헌금을 가르치려거든 왜 그렇게 기록했는지 대답해야 한다.

그 '일천'은 하나님께서 받으셨다는 '충만'을 상징하는 숫자다. 설령 122,000마리나, 그보다도 너무나 많아 셀 수 없는 제물의 수라 한들 과연 하나님의 만족을 채울 수 있을까? 하늘을 두루마리로 삼고 바다를 먹물로 삼는다고 하나님 사랑을 다 기록할 수 있고, 그 '일천번제'를 충족할 수 있을까? 그래, 감히 그렇다는 대답이 일천번제 헌금이다.

그 '일천'의 함의는 10진법의 기본단위, '가로 세로 높이'의 수치로서 공간적 충만 이다. 계시록은 "새 예루살렘성은 네모가 반듯하여 길이와 너비가 같더라"고 기록한다.(계21:16) 일천번제를 1000일로 쪼개 자기의 의義로 만들어 하나님께 나가겠다는 꾀는 '가인'의 사특한 제사에 지나지 않는다.

계시록은 천명했다. "용을 잡으니 곧 옛 뱀이요, 마귀요, 사탄이라. 잡아서 천 년 동안 결박하여 무저갱에 던져 넣고,…… 천 년 동안 그리스도와 더불어 왕 노릇 하리라"(계20:1~6) 넘치지도, 모자라지도 않은 1,000년이다.

그렇듯 충분성과 완전성을 상징하는 '일천'은 선지자 엘리야 이야기에서도 나온다. 선지자 엘리야가 '갈멜산'에서 '바알'과 '아세라'선지자 850명을 죽이자 이세벨은 악에 받쳐 그를 죽이려 했고, 황급히 달아난 엘리야는 '호렙 산'에서 하나님 음성을 들었다.

"내가 이스라엘 가운데 7,000명을 남기리니 다 바알에 무릎 꿇지 아니하고, 다 바알에게 입 맞추지 아니한 자니라."(왕상19:18) 참고 견뎌낸[堅忍], '이긴 자들의 구원'을 예정하셨다는 거다.

계시록에 일곱별, 일곱 금촛대, 일곱째 봉인, 일곱째 천사나팔, 일곱 대접 숫자 '7'은 하나님께서 한정하신 완전함을 상징하고 있다. 그렇듯 모자라지도, 우수리도 없는 7,000명은 완전수 7에 충만의 상징 '일천'이 곱해진 숫자로서 하나님께서 창세전에 예정하신 구원자의 상징이다.

숫자 '일천'에 관한 또 하나는 구원받은 성도 수 '144,000'이다. 그 역시 이스라엘 12지파와 12사도를 곱한 사람 수에, 일천이 곱해진 공간적 충만의 상징적 숫자다. 새 예루살렘 성곽의 길이가 144'규빗'라고 기록하고 있지 않은가.(계21:9~17)

유대인이라면 단박 알아차릴 숫자인데도 유대교도들이 신약성경을 읽을 까닭이 없을 뿐더러 사람이 조작한 '13'이나 '777'도 아니고, 성경이 명시한 숫자다. 그래, 1,000년간을 그리스도와 더불어 왕 노릇이라니, 오죽이나 좋으랴. "천지가 없어지기 전에는 율법의 일점일획도 결코 없어지지 아니하고 다 이루리라."(마태복음 5:18) 옳거니.

천국은 따 놓은 당상인데 이 땅에서도 천 년간 왕 노릇 해봐야 하지 않겠나? 개똥밭에 굴러도 이승이라는데, 그것도 1,000년이라니 철부지 손자도, 젖먹이도 왕 노릇하게 생겼으니 그리도 좋았던가. 어느 수상한 교단은 교인 수가 124,000이 넘었다고 적합 자를 가려내는 '조사심판' 교리를 개발했고, 어느 이단교회는 그 수안에 들기 위해 시험을 치러야 하는 가족은 민망하게도 서로가 피치 못할 경쟁관계라니…….

한쪽에서는 날짜를 계산해 보니 예수께서 재림하시는 날이 어느 해 어느 날짜라며 구원의 은총보다는 그 숫자에 목을 매도록 호도한다. 숫자 상징의 함의를 덮는 선동에 놀아나는 현상은, 마치 밝은 대낮보다는 밤이 좋아 모닥불 빛에 뛰어드는 불나방과도 같지 않은가.

노아시대에 구원받은 수는 노아가족 여덟 사람뿐이었다. 구원은 인간의 생각처럼 많고 적음이 아니라, 정작 주목해야 할 숫자는 하나님께서 기억하신 인생의 년수다. '가인'의 후손들은 누가 누구를 낳았어도, '셋'의 후손은 그들이 향유한 나이를 빠짐없이 기록케 하셨다. 그들이 하나님 목전에서 예배자로 살았음을 하나님께서 일일이 기억하셨다는 증거다.

아담이 930세를, 셋은 920세를, 에녹은 300년을 하나님과 동행하며 350년을 살다가 승천했고, 그의 증손자 노아는 하나님과 동행하다가 홍수 후에 350년을 더 살다 950세에 하나님 품에 안겼다. 그들의 '일천년' 나이는 땅에서 하나님과 동행하며 예배자로 산 천년왕국으로서 하나님 나라의 그림자였다. 그렇듯 '일천'은 창조주께서 예정하신 천국의 공간적이며 예정대로 채워진 권속들의 묵시적 은총이다.

《혼인잔치》 Oil on Canvas 72.7×60.6cm 2012

《가시면류관》 Oil on Canvas 100×100cm 2022

부활절 소회所懷

예수께서 제자들과 마지막 나눈 만찬은 '니산월月' 14일이었다. 봄에 추수한 보리 첫 단을 하나님께 요제搖祭로 드리고 3일이 지난 그날은, 안식일 다음날로서 한 주의 첫날이다. 예수께서 밤사이에 부활하심으로써 유월절 희생양과 초실절初實節의 계시가 성취되었다.(레23:9-14, 요20:1, 고전12:20)

그 날은 '안식일'의 주인이라 하셨던 예수께서 부활하신 날로서 '주의 날'이다. 그런데 AD 150년 무렵 교회가 성만찬기념일 논쟁에 혼란을 겪었다.

예수께서 "너희가 이를 행하여 나를 기념하라" 하셨을 뿐, 날을 특정하지는 않으셨다. 그럼에도 그 날이 유월절이었으니 유월절에 기념해야 한다는 주장과, 주일에 부활하셨으니 '주일'에 해야 한다는 엇갈린 주장으로 논란을 일으키면서까지 '그 날'을 특정하려 했다.

삼위일체설과 함께 불거진 그 기념일날짜로 '니케아공의회'(325년)가 소집됨으로써 '유월절'의 대체일로 '부활절'이 도입되고 사순절 제정되었으며 그때 '사제제도'가 확립되었다.

그 공회가 '춘분 첫 만월 다음에 오는 주일'로 부활절을 제정해서 지키더니, 교황 '그레고리우스 13세'는 그 날짜마저 바로잡고자 율리우스력曆을 수정했다.(1582년) 그로 인해 128년마다 하루씩 누적된 10일간은 역사에서 잘려 나가고 탄생한 그레고리우스력歷이 오늘날 세계인이 사용하고 있는 월력이다.

'요한 칼빈'은 주일에 관해 "주의 그날이 유일한 절기의 날"로 석의釋義해서(기독교강 초판Ⅰ:A:14) 그리스도의 부활을 기리며 재림을 대망하는 날로 정의했다. "성도들은 오직 '주의 날'만으로 만족해야 한다"는 주일 충분성은 '주의 그날', 또는 '주의 날'의 연속성이라는 점에서 개혁자들은 주일을 상대화한 모든 '축일'과 '절기'를 떨쳐버렸다.

그런데 언제부턴가 교회가 부활절을 비롯해서 각종 절기를 지키며 주일을 상대화 했다. 그나마도 예수께서 부활하신 날은 태양력으로 계산이 용이치 않았다. 그런 까닭에 인터넷이 미비했던 반세기 전만해도 한국교회는 매년 달라지는 부활절을 알아내기 위해 새해 캘린더를 학수고대했었다.

아이러니한 것은, 기독교 역사상 첫 공의회가 도입한 부활절과 사순절 제정에 따라 들어온 '카니발'과 '재灰의 수요일'로 중세교회가 종교놀이를 하더니, 5세기가 지나기도 전에 개혁교회에 '고난주간 금식'과 '사순절 특새'로 부활했다는 사실이다.

'갈라디아교회'를 향해 "너희가 '날'과 '달'과 '절기'와 '해'를 삼가 지키니, 내가 너희를 위해 수고한 것이 헛될까 두렵다"는 사도의 말은 참으로 실없는 기우였나 보다.

《비상》 Oil on Canvas 100×100cm 2022

어린양의 신부

바울 말처럼, 예수그리스도는 둘째 아담으로서 사망의 땅에 신부 찾아 오신 하나님의 성자시다. 하와가 아담 허리에서 나와 그와 한몸을 이뤘던 것처럼, 그리스도인은 물과 피를 쏟은 둘째 아담 허리에서 나와 그와 한몸 이룬 신부로서 교회다. 그렇듯 그리스도인은 밤 깊도록 신랑을 기다리며 어둠을 밝히는 등불이다.

왜 아니 오실까? 등불 꺼지기를 기다리시는 걸까? 그래, 모두 잠이 들면 등불은 꺼지겠지. 천군천사 나팔소리 잠 깨우는 그 날에 두 사람이 밭에 있다가도 한 사람은 데려가고 한 사람은 버려지고, 두 여자가 맷돌질 하다가도 한 사람은 데려가고 한 사람은 버려지고.(마24:31~41)

가시 돋친 세상에서 울고 웃다 떠날 그날 밤, 설렘 꺼진 등잔은 세상 허리에서 나온 어둠이었지.

《부활의 묵상》 Oil on Canvas 130.3×97cm 2018

부활절 기념전

부활절이 끼어 있는 기간에 맞춰 성경 메시지를 담은 작품들로 개최했던《부활절 기념전》중에 예상치 못한 일이 있었다. 작품 도록을 받아본 누군가로부터 갤러리로 항의 전화가 걸려왔다. 작가 작품에 글쓴이가 신학대학교 총장이고 작가는 교회 장로라면서, 그런 작가가 왜 대진대학교에서 강의하느냐는 것이다.

대진대학교재단이 '대순진리'라는 종교였기 때문이다. 또다시 그 같은 전화를 받으면 작가가 그곳이 '아골 골짜기'인 줄 알았나 보다고 대답하라 했다.

또 한 번은 '평화갤러리' 부관장이 전람회 중에 말을 걸어왔다. 그곳 관장은 신부이고 본인은 미술대학 출신으로 부관장이며 전람회 업무 전담자라고 했다. 가톨릭 교회에서는 보지 못한 작품이라며 초대하고 싶다는 요청에 그곳 역시 '아골 골짜기'라는 생각에 흔쾌히 수락했다. 이듬해 부활절을 기해《사순절에 묵상하는 가시 면류관》이라는 주제로 두 주간 전람회가 개최되었다.

그 '사순절'……. 개혁자들이 떨쳐 버린 절기를 주제로 앞세우자니 마치 중세교회로 들어간 형국이었다. 건물 전체가 사목 용무와 관계된 곳이다 보니 관람자 거의가 신부, 수사, 수녀들이었다. 작품은 구속사적 메시지라서 작품 설명은 불가불 대속代贖의 의미였다.

또 한 번은《겟세마네의 밤》을 주제로 한 전람회 때였다. 전람회가 기독교TV에 방영되자 예기치 않은 손님이 찾아왔다. 교인이 수만 명이나 되는 S교회의 행사담당 교역자였는데, 그의 말은 뜻밖이었다. 현재 진행 중인 전람회를 며칠만 앞당겨 폐회하고 부활절 당일부터 자기네 교회에서 열자는 요청이다. 고난주간이 지나고 성대한 부활절 행사장식으로 '부활절 기념전'을 유치하겠다는 포부였다. 대형 교회 요청이라 차마 거절치 못할 줄 알고 찾아왔던 것이다.

기간 명시는 갤러리와의 약속인 동시에 예측 불가한 관람자들과의 약속이다. 언약신앙을 가르치고 실천하는 교회가 행사기간이 명시된 그 약속을 헌신짝 버리듯 저버리자니……. 사회적 도의도, 작가에 대한 예의도 없이 너무나도 스스럼없는 제의가 놀라웠다. 그는 뜻대로 되지 않자 담임 교역자에게 일자 조정을 건의해서 재요청하겠다는 말을 남기고 돌아갔다. 그리고는 며칠 후 소식이 왔다.

"부활절이 지나고 나면 그 전람회는 의미가 없다"는 담임 교역자 말에 따라 전람회 계획을 포기한다는 것이다. 모든 행사는 제철이 있으므로 부활절도 철 지나면 의미 없는 행사라는 뜻이다.

그때 안 것은, 대형 교회마저도 부활절이 지나고 나면 십자가니, 부활이니 하는 설교문은 서랍 속에 넣었다가 다시금 부활절이 되면 그 철에나 부활한다는 사실이다. 그때 차마 입 못 열고 삼킨 말이 있었다.

"형제여, 당신네가 그런다고 작가도 고난주간에만 그런 작품을 하는 줄 아는가?" 그들 말처럼 철 지나면 의미 없다는 그 전람회 준비로 그리스도의 죽음과 부활이 묵상에서 떠난 날이 없었기 때문에 되묻고 싶었던 것이다.

때가 되어야 부산스럽게 '사순절 특새', 고난주간하다가 성대히 부활절 행사를 치르고 나면 그리스도의 죽음과 부활은 철 지난 복음이다. 교회 활기를 유지하기 위해 부활절도, 추수감사절도, 성탄절도 적당한 간격을 두고 있음에도 그마저 부족했던지, 중세교회 축일을 비웃듯 맥추절, 사순절, 성령강림절, 대림절, 송구영신 예배로 한 해가 하늘에 뜬구름 가듯 바삐도 돌아간다.

《해변의 아침》 Oil on Canvas 33.4×53cm 2015

사순절四旬節과 사육제謝肉祭

성경이 가르치는 이스라엘의 절기는 유월절逾越節, 무교절無酵節, 초실절初實節, 맥추절麥秋節, 나팔절喇叭節, 수장절收藏節이 있다. 그밖에 유대인들이 기념하는 절기로는 '바빌론' 유수幽囚기에 멸절 위기를 넘긴 '부림절'(Purim)과, 수리아로부터 더럽혀진 성전 회복의 '수전절'修殿節이 있다.

중세기독교는 '대림절' '성탄절', '사순절', '부활절', '성령강림절'에 이어서 '성모승천절'과 '만성절', '주현절' 등 많은 축일과 절기를 제정했다. 성경이 가르치지 않는 절기로 한 해를 채웠다는 점에서 장로들의 유전遺傳을 준수했던 바리새인들을 무색케 한다. 그런데, 개혁자들이 폐기한 절기 중에 부활절은 그렇다 해도 '사순절'四旬節을 오늘날 교회가 굳이 부활시키는 까닭은 무얼까?

《카니발》 Oil on Wood 22×23cm 2021

사순절은 예수께서 금식하신 광야 40일에 착안해서 제정한 절기다. 중세교회가 부활절을 앞둔 한 주간의 금식禁食과 40일 금육禁肉 기간을 더해 사순절을 제정함으로써 뿌리 깊은 이교적 사육제謝肉祭의 확산을 초래했다. 그로 인해 만연했던 것이 술과 고기를 주 '풍요의 신'에게 감사하는 광란의 카니발(carnival)이다.

그래봤자 그들은 며칠 못 가서 교회로 돌아와 사제 앞에 무릎을 꿇을 것이다. '재灰의 수요일'에는 죄 사함을 받기 위해 재 묻힌 사제 손가락이 그들의 이마에 십자가가 그어져야 하기 때문이다. 그런 까닭에 사순절을 앞둔 사흘간은 더욱 광란으로 치닫는다. 그 축제가 오리려 죄책감을 증폭시킴으로써 교회 종속은 더욱 강화되어, 그야말로 누이 좋고 매부 좋은 악령들의 종교 놀음이다.

가증한 관습을 개혁자들이 떨쳐 버린 지 5세기가 지났는데 웬일일까? 40년 전 무렵부터 부활절을 한 주 앞두고 교회마다 묵상과 금식으로 '고난주간', '종려주일' 하더니만 '사순절'이 끼어들었다. 그새 중세교회가 그리웠던지, 1907년 평양대부흥기를 기점으로 해서 한 세기를 이어가던 새벽기도회가 시대 따라 '40일 특별새벽기도회', 이른바 '특새'로 대체되었다.

그 '특새'가 양적 성장의 동력임이 증명되자 성경이 '개역개정'판으로 바뀌면서 교독문에는 '사순절'에다 '주현절'까지 슬며시 끼어들었다. '주현절'은 예수께서 30세에 세례를 받으시고 처음 공생애를 시작하신 날이라거나, 또는 동방박사가 방문한 날이라 해서 중세교회가 1월 6일로 정해서 지키던 절기다.

시대가 변하자 카니발은 얼굴을 숨기던 가면도, 옷도 홀랑 벗어버리고 알몸을 흔들어댄다. 광란의 '카니발'은 '코로나 팬데믹' 기세에 잠잠했음에도 귀신들의 '만성절' 할로윈데이는 159명 압사 사고를 일으켜 우리 사회에 깊은 상처를 남겼다. 그럼에도 교회를 떠날 줄 모르는 '사순절' 망령은 1천년 중세교회를 떠돌더니, 오늘날 개혁교회의 부활절에 들러붙어 덩달아 부활을 구가한다.

《가을의 노래》 Oil on Canvas 38×61cm 1998

조선의 새벽 등촉燈燭

1549년 예수회(Jesuit) 사제들이 일본에 발을 들여놓았다. 그들의 선교로 교세가 폭발적으로 성장할 무렵, 사제들은 '도요토미'의 조선 침략에 선교라는 미명으로 편승했다. 선봉장으로 기독교 영주 고니시 유키나가[小西行長]가 나섰고 사제들이 군중미사를 이유로 합류해서 조선 선교를 꾀했다. 그 결실은 조선 100만인의 참혹한 죽음이었다.

국면이 바뀌었다. 천주교 세력화를 우려했던 '도요토미'가 천주교도 150명을 처형함으로써 일본에서 천주교 박해가 시작되었다. 1597년 정유왜란으로 조선 침략이 종식되던 그해 정월이었다. 엄동설한에 천주교도 26명을 교토에서 나가사키 해변까지 맨발로 걸려 십자가에 매달아 만조의 파도에 익사케 했다.

'나가사키' 니시자카[西阪] 언덕에 있는 순교기념 건축물이 오-무라[大村]성당이다. 1780년에는 신사 기부금을 거절한 이유로 그곳 천주교 주민 3.400명을 유배지로 보내 600여 명이 순교하기도 했다.

그 후 백년이 지난 1886년 정월, 조선에서는 그와 비교할 수 없는 참상이 벌어졌다. 어린 고종을 섭정하던 흥선 대원군 외척外戚의 천주교화로 인해 정치적 난관에 처했을 때다. 마침 청나라가 천주교 박해에 돌입하자 그에 힘입은 대원군은 천주교 박멸교령을 포고함으로써 자신의 정치적 위기를 모면했다. 그러나 천주교 신도들과 함께 프랑스 사제 아홉 명을 참수했던 사건이 화근이 되어 '병인양요'를 초래했다.

프랑스 함대 공격이 매번 실패로 돌아가자 의기충천해진 대원군은 더렵혀진 조선 땅을 서학西學의 피로 씻겠다며 대대적인 천주교 박해가 감행되었다. 충청도와 경기도 일원에서 색출한 교도들을 생매장하는 등, 양화진 '잠두봉蠶頭峰'에서 참수한 천주교도가 8천여 명이었다. 그 잠두봉에 건축한 기념물이 '절두산순교기념성당'이다.

박해를 피해 중국으로 달아난 사제가 프랑스 극동사령관 '넬슨'에게 조선에 남아있는 두 사제의 위태로운 처지를 알렸다. 마침 한 해 전, 황해도 연안에서 선교활동하던 토마스(Robert J. Thomas)는 수도권 선교를 위해 탔던 배가 태풍으로 인해 선교는 중단되고 북경으로 돌아갔다가 그 참상 소식을 듣게 되었다.

그는 조선 선교의 절박함에 미국 순양함 '제너럴셔먼'호에 승선해서 조선 재입국을 결행했다. 순양함은 거센 저항을 받았으나 대동강이 장마로 범람한 기회를 타고 깊숙이 진입했다. 그러나 썰물에 좌초되어 배는 관군 공격에 불타고 선원 23명이 관군 칼에 죽었다.

화염에서 빠져나온 토마스는 성경책 두 권을 '최치량' 소년에게, 한 권은 관군 '박춘권'에게 건네주고 "야소 믿으시오" 한마디 유언을 남긴 채 그의 칼에 목이 잘렸다. 27세 청년 토마스는 임신한 아내를 상해에서 잃더니 병인양요가 발발했던 그해 8월, 그의 신혼여행은 대동강변에서 그렇게 마치고 귀천했다.

서방종교 척결의 칼바람에 나가사키 언덕과 절두산 고개 너머로 무수한 천주교도들이 제물이 되었다. 백만 조선인 목을 베고 숨져간 '기리시탄'(크리스천) 왜군들의 신음이 사제에게 '죄 사함'의 고해성사였다면, 조선 군관이 휘두른 칼날 앞에 토마스의 마지막 한 마디 그 말은 칠흑 같은 조국을 깨우는 나팔소리였다.

그의 뒤를 이어 아메리카 대륙에서 입국한 선교사들이 잠든 조선의 영혼들을 깨우고 풍전등화의 조국 땅에 병원과 학교를 짓고 근대화 초석을 놓았다. 그렇듯 나가사키 해변의 '니시자카' 언덕이나, 한강변의 잠두봉 '절두산'이나 참담한 순교는 쌍둥이같이 빼닮았다. 그럼에도 조선이 잘려나간 그루터기에서 대한민국으로 회생한 조국의 절두산 곁에는 '베델', '헐버트', '아펜젤러', '언더우드' 같은 복음의

《새벽별》 Oil on Wood 22×24cm 2022

나팔수들이 잠들어 있다.

일본이 무수히 순교자를 내고도 신·구교를 합쳐 1%에도 못 미치는 미선교국인 것도 기이하지만, 오늘날 대한민국이 인구 대비 세계 제1일의 기독교 선교국인 것도 기이하다. 하나님 은총 말고는 설명할 길 없는 그 현상을 인도 시성 '타고르'가 예언했다.

"일찍이 아세아의 황금 시기에 / 빛나던 등촉燈燭의 하나인 조선 / 그 등불 한 번 다시 켜지는 날에 / 너는 동방의 밝은 빛이 되리라"

《선장의 망상》 Oil on Canvas 72.7×53cm 1990

그 이름, '아무개' 사도

바벨탑을 쌓고 이름 높이는 일에 여념 없는 세상에서, 교계마저 교단장이 드높아 보였던 때가 있었다. 그들이 선거 시비로 세상 법정에 불려 다닐 즈음, 인사동 골목에는 '아무개' 시인이 운영하는 주점이 있었다. 간판도 '아무개 주점'이고, 그곳 문을 나서는 손님들 손에 쥐어주는 그의 시집도 『아무개의 詩』였고, 저자명 역시 '아무개'였다. 그렇게도 그는 자기가 쓴 시보다 자기 이름이 앞서길 원치 않은 시인이었다.

교회 이름조차 브랜드가 되는 세상, 제1성전, 제2성전 문어발식 체인점을 열고 이름을 드높이던 세상에서 그 주점이 내놓는 '아무개빈대떡'은, 알 만한 사람은 다 아는 진미였다. 시가 심금을 울리고 음식이 일품이면 그만이지, 이름이 아무개면 어떠냐는 생각이었던가 보다.

개를 마당에서 키우던 시대도 그것들을 '누렁이', '바둑이', '검둥이', '워리'로 불러주었고, 심지어는 아무것이나 주워먹어도 그저 무탈하기만 바라던 어린 아들 이름마저 '개똥이'였다. 그런데 성경에는 개똥이란 이름마저 허락되지 않은 무명의 아무개 사도가 있었다.

'바요나 시몬'은 우리말로 '요나'의 아들 '시몬'이다. 예수께서 그에게는 또 하나 이름 '베드로'를 지어주셨으나, 사도 '바돌로메'는 '돌로메'의 아들로서 그냥 '아무개'였다. 그런데 이름 없는 그 사도는 복음을 전파하다가 산채로 살가죽이 벗겨져 순교했다는 전설을 남겼다. 그가 빌립이 예수께 데려온 '나다나엘'이었는지는 알 수 없으나, 그는《'아무개'축일의 대학살》로 후세에 명성을 떨쳤다.

천 년 중세기를 지나면서 교회는 성경 진리가 왜곡되고 성직이 권력화 되더니, 성직 매매는 말할 것도 없고 살인, 간음, 사치 등, 온갖 죄악의 소굴이 되고 말았다.

어둑하고 암울했던 시대에 작은 물맷돌 하나가 골리앗 같은 베드로대성당에 날아들었다. 변방 성당 밖에 나붙은 괴이한 대자보는 그야말로 다윗의 물맷돌이었다. 그렇게 불어 닥친 개혁의 바람이 거세게 일던 스코틀랜드에서는, 칼빈 파 '언약도' 들이 피로 서명한 신앙의 절개를 후세에 남기고 1만 8천여 명이 순교했다.

1560년경 프랑스에서는 '프랑수아 1세' 때부터 칼빈 파 '위그노(Huguenot)'를 탄압하더니, 1562년 대대적 학살이 자행됨으로써 이른바 '위그노전쟁'으로 비화되

《세 개의 컵 (2)》 Oil on Canvas 73×38cm 2012

었다. 그리고 10년이 지난 1572년 8월 24일 '성 바톨로메오 축일' 심야에 가톨릭 성당에서는 요란한 종소리가 울려 퍼졌다. '위그노' 교도들의 집으로 잠입했던 구교도들이 그 종소리 신호에 아이 어른 할 것 없이 잠자던 그들을 닥치는 대로 학살했다.

프랑스 국왕의 묵인 하에 학살을 주도했던 배후에는 '예수회(Jesuits)'가 있었다. 사교도邪教徒들을 지상에서 진멸하는 것이 하나님 뜻이라는 신앙심이 얼마나 열화 같았으면 그 만행이 가능했을까? 7일간에 걸쳐 주야로 학살된 위그노들은 7만 명에 이른다. 그로 인해 세느강은 피떡이 뒤엉킨 시체들에 파리 떼가 들끓고, 피비린내와 악취가 끊이지 않았다고 역사는 기록하고 있다.

대학살 소식이 로마교황청에 전해지자 교황 '그레고리 13세'는 기쁨에 겨워 '하나님께 찬미'라는 성가를 부르게 하는 등, 성당마다 또다시 환희의 종소리가 일제히 울렸다. 뒤이어 '위그노' 학살기념 메달이 제작되고 교황은 프랑스 국왕에게 공적을 찬양하며 훈장을 보냈다. 그렇게 장기화되었던 '위그노전쟁'은 1589년 앙리4세의 '낭트칙령' 반포로 36년 만에 종식되었다.

'시몬'의 또 하나의 이름 '베드로'는 드높은 교황청 교좌를 차지했어도, '돌로메의 아들' 그 '아무개' 사도는 자신을 기리는 축일에야 비로소 《성 바톨로메오 대학살》이란 오명으로 유명세를 탔다. 아골 골짝 빈들에도 복음 들고 가겠다며, 이름 없이 빛도 없이 복음 전하겠다며, 떠돌고 떠돌다 살가죽이 벗겨졌던 비운의 사도. 세상 영광에 우쭐대는 시대마다 그는 한갓 '아무개' 사도였다.

《주병》 Oil on Canvas 72.7×60.6cm 1999

환향녀還鄕女에게 돌팔매

남편 죽은 조선 여성은 3년 동안 무덤을 지키고도 살아 생전 상복을 벗지 못했다. 유교사회에서 여성은 그런 존재였다. '부르카'니 '차도르'니 거론한들 무엇 하나. '삼종지도三從之道', '불경이부不更二夫', '일부종사一夫從事', 마을 어귀에 세워 둔 열녀문마저도 여성을 겹겹이 둘러씌운 검은 부르카였지.

병자호란으로 청나라에 잡혀갔던 50만 여성, 많고 많은 그들은 속전贖錢을 치루고 환향했다. 임금은 그들이 한양에 들어오기 전에 '연신내' 개울물에 몸을 씻으면 그 죄를 묻지 않는다는 아량을 베풀었다. 남자들이 지키지 못해 치른 여자의 곤욕 자체가 죄라는 기막힌 논리다. 그렇듯 임금과 양반들은 첩을 두고 살지라도 오랑캐들에게 잡혀갔던 여인들은 무엇으로도 씻지 못할 '화냥년'이었다.

유교경전 도덕률은 그나마 살아 돌아온 아내를 이혼으로 내치고 친가마저 멸시했던 강팍함이었다. 그 후로는 해마다 처녀 50명을 공물로 청나라에 바쳤다.

그런데, 그보다 1천여 년 전 성직자 한 무리가 간음하던 여인을 붙잡아 예수께 끌고 온 사건이 복음서에 나온다. 그들은 '아내를 버릴 때 이혼증서를 주라'는 모세의 말꼬리를 잡고는 어떨 때 아내를 버려도 되는지 예수께 따져 묻던 자들이다.

그들이 마침 간음하던 여인을 붙잡아왔다 '그녀를 살려 보내기만 해봐라' 이참에 예수를 간음한 여인과 동질 범으로 몰아 함께 쳐 죽일 기세다. 그것도 명절을 지키려고 예루살렘에 모여든 온 백성들 앞에서라면 다시 없을 기회였다. "모세율법에는 이런 여자를 돌로 치라 하는데, 당신은 뭐라 말할 건가?" 돌을 움켜쥐고 의분에 몸을 떨던 저들이 예수께 다그쳐 물었다. 그러자 예수께서 땅바닥에 글을 쓰셨다.

그들 시선은 일제히 글에 쏠렸고, 예수께서 마침내 입을 여셨다.

"너희 중에 죄 없는 자가 먼저 돌로 치라!"

명쾌한 대답은 명령이었다. 당황한 그들은 돌을 버리고 황망히 떠나갔다. 간음한 여인을 잡고도 버려둔 채 되돌아가다니, 율법을 내세웠던 그들이 뒤돌아선 행태야말로 율법 모독이다. 더구나 예수를 고발할 절호의 기회마저 포기하고 돌아선 까닭이, 단지 그 말씀 한 마디였다고 한다면 되지도 않은 어불성설이다. 요한은 그들이 예수께서 하신 말씀에 양심의 가책을 느꼈다고 기술하며, 땅에 적은 글을 침묵으로 감춘다.

'누구든지 남의 아내와 간음하는 자, 곧 그의 이웃 아내와 간음하는 자는 그 간부姦夫와 음부淫婦를 반드시 죽일지니라.'(레20:10)

반드시 쳐 죽여야 할 간부는 빼돌리고 여자만 붙잡아온 저들이야말로 간부와 동질 범으로서 정녕 돌 맞아 죽어야 할 죄인이다. 막상 여인의 죄에 돌을 던지려 하니 차마 양심에 찔렸던 거다. 저들이 죄다 사라지자 예수께서 선고하셨다. "나도 너를 정죄하지 않으니, 가서 다시는 범죄하지 말라."

우리 선조들은 자기들이 지키지 못해서 잡혀간 아내와 딸들에게 죄책감은커녕, 그녀들이 음녀가 아니었음에도 유교경전에 덜미 잡혀 양심에 가책도 없이 '삼종지도三從之道', '일부종사一夫從事', 모진 돌팔매를 서슴지 않았다. 임금이 중국에 뭔 죄가 많아서 머리에 피멍이 터지도록 청나라 칙사에게 삼배三拜 구고두례九叩頭禮를 했는지, 영은문迎恩門 그 자리에 독립문을 세우던 그때까지 그랬다.

대다수가 소작농민으로서 그나마 여성이 이름을 얻었던 때는 민적법民籍法이 제정된 이듬해 일제에 합병당하고서였다. 이름 한 번 지어준 적 없어 일본식으로나마 지어준 그 이름, '영자'(英子/에이코), '미자'(美子/요시코), '춘자'(春子/하루코), '순자'(順子/주코), '명자'(明子/아키코)…….

해방이 되자 '친일파' 소리가 입에서 떠나지 않더니만, 그새 서글픈 어머니, 누이 이름 잊었던가. 율법에 사로잡혀 죽음의 자리에 끌려왔던 그 여인이야말로 엄위하신 '심판 주' 앞에 서게 될 너와 나의 표상이었음을.

《생명나무》 Oil on Canvas 72.7×60.6cm 1999

《세 개의 검 (1)》 Oil on Canvas 72.7×60.6cm 1998

애양원愛養園의 꽃송이

유대인에게 일곱은 완전수다. 무슨 생각으로 베드로는 일곱 차례나 용서하면 충분한지 예수께 질문했을까? 그때 예수께서는 '일흔 번의 일곱 번'이라도 용서하라고 가르치셨다. 한 사람에게서 일흔 번은커녕 일곱 번을 당하기도 어려운데, 그 말씀은 곧이곧대로 계산해서 490번이다. 예수께서 그 길을 몸소 가심으로써 등 돌렸던 제자들이 그 길을 따랐는가 하면, 애양원을 지키던 '손양원'도 그 길을 따랐다.

그는 밀양, 울산, 부산에서 전도사로 사역하다가 여수로 떠나 애양원에서 목회했다. 그러던 중에 신사참배를 거부했다는 이유로 일제에 의해 5년간 혹독한 옥살이를 했다. 그는 조국이 해방 되고서야 출옥해서 그가 섬기던 애양원으로 돌아올 수 있었다. 그곳은 자신의 흉한 몰골에 타인들마저 돌팔매질하던 한센병자들의 창살 없는 감옥이었다.

해방된 조국은 삼팔선으로 갈리고 극심한 이념대립에 4·3여순사건이 터졌을 때였다. 손양원의 두 아들은 배교하지 않는다는 이유로 공산주의 세상을 꿈꾸던 학생들의 손에 모두 타살당했다. 그 사건의 살인 주동자가 사형에 처하게 되자, 손양원은 호송 가던 그를 양자 삼겠다고 설득해서 입양했다. 그리고는 두 아들에게 못다한 사랑을 그 아들에게 쏟아 부었다.

그리고 2년이 흐른 후 6.25사변이 발발했다. 공산군이 탱크를 앞세워 쳐내려오자 주민은 피난길에 오르고 손양원은 한센병자들 곁에 남아 인민군에 의해 총살되고 말았다. 일제가 미처 죽이지 못한 그들을 기독교도라는 이유로 조국의 형제들이 살해했던 것이다. 두 아들이 예수를 피난처로 삼고 조국 땅을 떠나더니, 그도 그렇게 애달픈 애향원을 뒤로하고 조국 땅을 떠났다.

신사참배를 거부했다고 그를 내쫓던 조국교회도, 해방을 맞은 조국 땅도 결코 피난처가 아니었다. 일흔 번에 일곱 번이라도 용서하라 하시며, 원수가 오른뺨을 때리거든 왼뺨도 내어주라 하시며, 자기 백성들의 죄 짐을 지고 죽도록 오르시던 골고다 해골산. 그래, 하나님의 말로 다할 수 없는 그 사랑을 아는 그리스도인이라면, 우리는 어느 누구의 죄라도 용서할 수밖에 없는 존재임을 부인하지 못한다.

그리고 보면 우리가 살고 있는 세상이야말로 어쩌면 애양원일지도 모른다. 용서를 모르는 몹쓸 저주에 걸려 손가락 마디가 떨어져 나가고 콧날이 문드러져도 감각이 없어 죽을 병인 줄 모르는 세상이라면, 그곳이야말로 저주스런 애양원이다. 예수께서 자기 백성의 땅에서 살다가 죽임 당하신 것처럼 손양원도 조국 땅, 애양원 형제들 곁에서 숨졌다.

그리스도인의 그 표상을 두고, 누가 위대한 신앙인이라 상대화하는가? 저들은 그리스도인이 아니었던가? 가시 돋친 땅이 사망을 재촉할 때, '가인'이 동생 '아벨'을 죽였듯이 누군가는 가인을 따라 핏발 선 사망의 하수인으로 살아갈 것이다. 그렇다면 누군가는 아벨처럼, 바울처럼, 제물에 부어질 마지막 전제奠祭의 핏 잔을 마다하지 않을 것이다.

허리 잘린 한쪽이 칠흑같이 어둡고 암담한 동토凍土라면, 또 한쪽은 살점이 썩어 떨어져 나가도 무감각한 애양원이다. 그런 세상에서 '일흔 번의 일곱 번'은 죽음을 다하는 용서다. 손양원이 그랬다. 애양원, 조국의 그늘진 그곳에서 두 아들과 그는 그토록 목숨을 다했다.

《四季》 Oil on Wood 25×23.5cm 2011

《물총새의 여름》 Oil on Canvas 117×91cm 2000

접동새 누이

새가 까닭 없이 밤낮 우는 새들이 있다. 봄이면 보일 듯 말 듯 하늘 높이 맴돌며 몇 시간이고 지저귀는 종달새가 있는가하면, 온밤을 지새우며 슬피 우는 소쩍새가 있다. 울 일 많던 우리네 인생살이 탓에 참새, 제비, 종달새가 아니고서는 새는 운다고 표현하는 것이 우리 어법이다.

부엉이는 밤새도록 구슬피 울고, 두견은 울다가 피를 토하고 죽어 진홍빛 진달래꽃을 피웠다고 하고, 소쩍새는 배곯은 며느리 솥 적다고 밤새도록 서럽게 운다 한다. 그 울음소리가 "접동 접동"으로 들려 '접동새'로도 불리는 접동새 설화기를 시인 '김소월'이 전한다.

> 접동, 접동, 아우래비 접동. 진두강 가람 가에 살던 누나는 시집가던 날 죽었지. 부잣집 시댁이 보내온 혼인예물에 시샘 난 계모 모진학대로 그 좋은 날에 죽었지. 가엾은 아홉 동생 못 잊어, 차마 못 잊어 누나는 새가 되어 모두 잠든 야삼경에 이산 저산 오가며 슬피 우누나.

그 접동새 같은 '문경준' 이야기다.

꽃다운 열일곱 시집간 첫날부터 딴살림 남편 박대에 생과부 석녀가 되었지. 그래도 성심껏 섬기던 병든 시아버지 글 깨우쳐 주고 세상 떠나자, 머리 풀고 삼년상 고되게 치렀지. 남편도 자식도 없이 맺어진 시아버지께 며느리 도리 다하고 '경성 성서신학원'에 간 때가 23세였구나.

그녀는 공부 마치고 신안 앞바다 '증도曾島'로 떠났다. 그곳 주민들을 시아버지 섬기듯 섬기며 교회를 세우더니, 썰물 빠진 노두길 분주히 오가며 섬섬마다 세웠

《파랑새의 봄》 Oil on Canvas 53×33.4cm 2017

던 교회들. 남편에게 버림받은 석녀에게 신안 섬들은 돌봐야 했던 '아홉 아우래비' 였다.

1943년, 신사참배 강요에 대항하던 그녀는 목포경찰서에서 일경의 모진 고문에 몸을 떨었다. 해방이 되자 조선노동당 활동이 급속히 확산되더니, 6·25동란으로 신안 앞바다 섬들은 인민군에 장악되었다. 조국이 해방된들 무엇이 달라진 걸까. 이제는 '목포인민위원회'의 모진 오라비 고문에 또다시 몸을 떨었다.

그렇게 당하고도 그녀가 '증도'로 돌아갈 것을 눈치 챈 교단에서 극구 말렸다. 그럼에도 섬에 남겨둔 아우래비 성도들을 떠날 수가 없었다. 그해 가을, 국군이 진격해오자 신안 앞바다 교인들은 어린 자식들 빈 집에 놔둔 채 인민군의 총과 남로당 죽창에 모두 숨졌다. 그때 그녀도 아홉 아우래비 성도들 곁에서 그렇게 삶을 다했다.

조선왕조, 일제황국 다 뒤로하고 건국한 대한에 뿌리박은 붉은 독버섯이여. 국토를 폐허로 만들고도 민족 죽인 250만 그 숫자마저 적어서 아쉬웠던가? 전쟁에 밀려 퇴각하기 숨가쁠지라도 기어이 죽이고 떠나야 할 원수가 아벨의 예배 문제였다니, 저희는 형제 쳐 죽인 가인이었다.

하늘 아버지 독생자와 가약을 시샘한 계모는 피에 굶주린 스탈린의 망령이었나. 밤 깊어 야심한 동토凍土 이산 저산 오가며 지새우는 접동새 각혈소리.

오~ 불설워, 시새움에 몸이 죽은 우리 누나는 죽어서 접동새가 되었습니다. 아홉이나 남아 되던 오랩동생 죽어서도 못 잊어, 차마 못 잊어 야삼경 남 다 자는 밤이 깊으면 이산 저산 옮아가며 슬피 웁니다.

《춘삼월 진달래꽃》 Oil on Canvas 45.5×27.3cm 2017

춘삼월 진달래꽃

일본이 근대화 과정에서 단행했던 명치유신은 서구 선진국을 모델로 했다지만, 국가체제만큼은 로마제국을 따랐다. 로마제국민이 아우구스투스 황제를 살아 있는 태양신의 아들로 숭배했던 것처럼, 일왕을 천조대신天照大神의 후예로 섬기며 신도神道라는 이름 아래 모든 종교를 통합했다.

그렇듯 저들이 꿈꾸던 '대동아공영권大東亞共榮圈'은 로마가 피지배국에 황제 숭배 강요로 누린 'Pax Romana'의 판박이였다.

초대 교회가 하나님과 우상을 함께 섬길 수 없어 혹독한 고난을 겪었듯이 조국의 초대 교회도 똑같은 기로에 봉착했던 때였다. 천주교가 교황 교시에 따라 일찌감치 신사참배를 수용했고, 기독교 교단들도 국민의례라는 구실로 뒤를 따랐다.

장로교단도 1938년 9월 총회에서 신사참배를 의결하고 일본 경찰로부터 반대자 파면 강요에 순응했다. 파면된 목사들과 신자 2.000명을 검거한 일경은 온갖 공갈과 고문을 가했다. 조선인들에게는, 죽어서도 나라를 허용하지 않겠다는 저들의 뜻에 따라 '천국'조차 경로당 부르듯 '천당'이 되어 오늘날까지도 입에 붙어 떠나질 않는다.

경찰이 주목한 인물은 신사참배 반대를 주동하던 '주기철' 목사였다. 경찰이 그를 검속하자 평양노회는 전권위원목사 7인을 앞세워 그가 시무하던 '산정현교회당'을 폐쇄하고 사택에서 그의 가족을 쫓아냈다.

1925년 서울 남산에 저들의 잡귀 모신 '조선신궁神宮'과 전국 각처에 神祠 42채, 神社 188채를 지어 놓고는 온 국민에게 정기적 참배를 강요했다. 그때마다 목사들은 교인들을 이끌고 신사참배 길잡이로 나섰고, 파면된 목사들은 감옥에서 온갖

고초를 겪으며 죽어갔다.

그렇게나마 지키려던 교회 예배는 일제의 뜻에 따라 천황 예배가 순서상 우선이었다. 전 성도가 기립해서 일본 국가 봉창을 시작으로 일왕이 살고 있는 동쪽을 향해 허리 꺾는 황성요배皇城腰拜, 대동아전쟁 필승 기원을 위한 묵도에 이어 황국신민皇國臣民 고백으로 일왕의 신민임을 맹세를 했다.

그리고는 "바다에 가면 물에 잠긴 주검, 산에 가면 풀이 돋는 주검, 천황 곁에 죽었으니 여한이 없다"는 우미유카바[海行かば]를 제창하며 천황을 경배했다.

차마 못할 그 짓에 극렬히 반대했던 이들은 감옥에서 구타와 고문으로 50명가량 숨졌다. 조국해방을 한 해 앞둔 1944년 4월 21일, 주기철 목사는 일제 감옥에서 알 수없는 주사에 숨이 멎었다. 그의 시신은 성도들의 손수레에 실려 진달래 붉게 뒤덮인 평양 '돌산박' 야산에 안장되었다.

춘삼월, 두견새는 맺힌 한을 어쩌지 못해 밤새 슬피 울다 피를 토하고 죽어 붉은 진달래꽃을 피웠다는 전설처럼, 주기철이 금수강산에 못다 외친 복음은 방방곡곡 교회 첨탑마다 붉은 십자가로 피어났다.

그런데, 일제 잡귀 '신궁' 떠난 북녘 땅에 웬 '태양궁전'인가. 죽은 송장이 민족의 태양이 되어 참배라니, 로마 태양신도, 일제 태양신도 울고 갈 일이다. 허리 잘린 철책선 너머에 3천개 교회당 첨탑이 사라진 지 어언 75년, 그곳은 민둥산이 되어 진달래가 사라졌을지라도 명을 이어가는 이들은 여전히 전설의 두견새처럼 피를 토한다.

일제 신사참배에 순교자들 묻고 못내 핀 아리따운 신부여, 번영도 태양신 못지않았던가. 봄 잃은 동토凍土에서 절규하는 '오홀라'의 통한에 귀 막은 여인이여, 세상 품에 안겨 눈웃음치는 나의 신부, 어여쁜 '오홀리바'여…….

《속량의 노래》 Oil on Canvas 72.7×60.6cm 2017

제4부 해골산의 케루빔

《하늘 두루마리》 Oil on Canvas 187×94.5cm 2018

하늘 두루마리

하늘을 두루마리 삼고 바다를 먹물 삼아도
그 크신 하나님 사랑 다 기록할 수 있을까
저 하늘 높이 쌓는다 한들 채울 수 있을까

오순절에 부르던 찬양 시 '하따무트(Haddamut)'가 프레드릭 러만(Frederik. M. Lehman) 번안으로 세상에 널리 불리다가 어느 날 노 화가 손에서 그림이 되었다, 야훼께서 천명하신 "나는 알파와 오메가" 그 선포는 펼치고 걷힐 하늘 두루마리, 저 하늘에 상흔傷痕 불가사의 증표는 아들 성자에게 돌린 창조주의 자기 부인否認이었다.

《가시면류관 (2)》 Oil on Canvas 72.7×60.6cm 2021

영광의 면류관

물에 적신 쇳조각 매단 가죽 채찍 갈기갈기 등가죽에 매질해서 핏물 다 빠지면 나목은 잿빛으로 뒤틀리고 배어든 검붉은 상흔 영원토록 변치 않겠지, 짧은 삶은 영원한 생명을 위함이었다.

사랑은 본디 고통이라서 사랑하는 이를 위해 그렇게도 비루먹은 몰골로 매달려 단명했던 거다.

자유여 영원한 소망이여
절규하다 죽을 이름이여
나비는 주검의 넋
구름은 죽음의 자유였지
자유는 나그네 길에서나
얻는다기에
훨훨 상흔 저 너머로
넋이 되어 길 떠난다

《대지의 생명(1)》 Oil on Canvas 72.7×53cm 2003

세 개의 검

검과 꽃의 생경한 사랑
그 dépaysement은
역사의 무상함을 고하는
선지자의 외침이었네

무덤 속에 숨죽은 이름
오간 곳 없는 영광이여
육체는 풀 같고
풀의 꽃 같은 이름이여

검에 피어난 꽃잎은
선지자의 각혈이었네

《골고다의 영광》 Oil on Canvas 130.3×97cm 2018

세상의 '平和'

동이 트고 별빛이 사라지자 동방박사들 눈에 비쳤던 것은 드높은 예루살렘 성이었다. 그들은 성에 들어가 유대 왕으로 나신이가 어디에 계신지 묻고 다녔고, 그로 인해 예루살렘은 소동이 났다. 그럼에도 반나절이면 다녀올 베들레헴에 경배하러 간 사람 하나 없었던 것은 그리스도의 탄생이 몹시도 당혹스러웠기 때문이다.

그곳이 서기관들에 의해 베들레헴으로 밝혀지자 헤롯은 동방박사들에게 경배하고 왕궁으로 돌아오도록 당부했으나, 그들은 예루살렘을 거치지 않고 귀국했다. 헤롯은 베들레헴과 그 인근 젖먹이들을 모두 살해함으로써 일찌감치 정적의 싹을 제거했다. 젖이 불은 여인들의 애끓는 울부짖음에 예루살렘은 오히려 가슴을 쓸어내리는 참담한 성탄이었다.

예루살렘이 그리스도 탄생으로 인해 성직자와 헤롯이 한마음이 되어 평화를 이뤘던 아이러니가 2천 년 전 성탄이다. 퀴퀴하고 음습한 마구간마저 허락지 않았던 그 성탄은 오늘날 12월을 화려한 장식물과 선물 꾸러미로 장식한다. 사찰 입구는 일찌감치 성탄 축하 현수막이 나부끼고, 성당에서 '아베마리아'를 열창하는 비구승이 일간지 첫 면을 장식하며 종교간 평화를 구가한 지도 오래다.

성탄 그 밤에 양떼를 돌보던 목자들에게 홀연히 나타난 천군 천사들의 찬송소리와 그들로부터 놀라운 선포가 울려 퍼졌다. 《지극히 높은 곳에서는 하나님께 영광이요, 땅에서는 하나님께서 기뻐하신 사람들 중에 평화로다》 그리고 20세기가 흐를 즈음, 천사가 선포한 하나님 말씀은 광고 문구처럼 어두절미 되었다.

《하늘에는 영광, 땅에는 평화》 영광은 하나님을 지워낸 하늘에 있고, 평화는 하나님께서 기뻐하신 사람들이 아니었다. 그래, 성탄절은 특정 종교 너머 온 세상이

《평화의 도성》 Oil on Canvas 33.4×53cm 2000

평화를 누리는 낭만의 절기다. 그래서 그때가 되면 교계신문 머리기사든, 교회장식이든, 성탄카드든 온통 《하늘에는 영광, 땅에는 평화》 일색이었다. 그야말로 세상 만민을 품에 안는 기독교의 놀라운 이변이다.

"내가 세상에 화평을 주러 온 줄 생각지 말라. 화평이 아니라 검을 주러 왔노라"(마 10:36) 예수께서 하신 일갈이 귀에 거슬렸던 거지. 평강의 왕으로 오신 예수께서 하나님과 화평케 하기 위해 '임마누엘' 하셨음을 부인하니 그래, "이제부터 한 집에 다섯 사람이 분쟁하되 셋이 둘과, 둘이 셋과 하리니, 아버지가 아들과, 아들이 아버지와, 어머니가 딸과, 딸이 어머니와, 시어머니가 며느리와……"(눅 12:51~53)

착취 용이한 경제구조와 세계적 빈곤, 종교간 반목과 전쟁, 지구 훼손이 가속되는 환경, 암담한 인류 문제의 필요불가결한 주제가 바로 '평화'인데 하나님께서 가로막고 있다는 거다. 그래서였지, 더러는 사회변혁운동에 나섰고, 교황은 서둘러 '평화의 사도'로 나섰다. 갈라섰던 '로마가톨릭'과 '동방정교회'가 한 형제임을 확인하더니 종교개혁으로 피 흘려 개혁했던 교회마저도 칭의교리稱義教理, 의화교리

義化教理 꿰맞춰 신·구 교회가 화해했다.

그렇듯 평화의 길로써 종교다원주의가 답이었다면, 5세기 전 개혁자들은 대역죄인이며 평화를 가로막는 기독교는 회개해야 한다. 모든 종교가 길이 다를 뿐, 한 하나님께 가는 한 형제라는 인식이 만연한 시대가 도래한 거다. 때맞춰 '세계교회협의회(WCC)'와 '세계복음주의연맹(WEA)'이 교회 화합을 이루더니, 타종교를 이해하겠다며 그들과도 대화의 문을 활짝 열었다. 그래서였지.

대회장 한쪽에서는 예수 탄생 탓에 살해되었던 가엾은 베들레헴 영아들의 영혼을 위로한답시고 굿판이 벌어지는가 하면, 동성애 수용이 진정한 평등임을 주장하는 여섯 색 무지개 깃발이 나부끼기도 했다. 그야말로 종교 간 평화 너머 소수성애자 수용에까지 예수 이름이 소환되었다.

성탄 때에 그랬던 것처럼, 그리스도 처형 때도 예루살렘은 평화를 이뤘었다. 헤롯과 빌라도와 대제사장, 사두개인들과 바리새인들, 그 너머 백성들마저도, 심지어는 사도 중에도 그리스도를 제거하는 일에만큼은 그토록 한 마음이 되어 평화를 이루지 않았던가. 마구간에서 해골산까지 그리스도의 모진 생애가 저들에게는 '평화의 왕'이었다는 패러독스, '임마누엘'을 지워낸 미혹의 영들의 그 노래.

"하늘에는 영광, 땅에는 평화"

《시온의 영광》 Oil on Canvas 106×53cm 2024

'모리아'산 삼일 길

100세에 낳은 '이삭'은 하늘에 별처럼 수많은 후손을 낳아 야훼 언약이 성취될 그의 소망이요, 가나안 땅에 하나님 나라를 건설할 미래였다. 그럼에도 야훼께서는 사흘 길 떨어진 모리아산으로 가서 아들을 제물로 바치라 하시므로 아브라함은 이삭을 데리고 길 떠났다.

그 먼 사흘 길은 그에게 주어진 믿음의 시험기간이다. 가나안 족속들은 손으로 만든 것을 신이라며 자식을 불태워 바치기까지 하는데, 아들을 주시고도 가나안 땅도 주시겠다고 서약하신 야훼께 뭔들 못 바칠까. 그러나 저들은 아들을 또 낳을 수 있어도 아브라함의 아내는 노파다. 그가 가야할 곳은, 하나님 언약의 표증을 되돌려드려야 하는 이율배반의 삼일 길이다.

나뭇짐을 꾸리고 나섰다. 하나님께서 지시하신 산이 멀리 보이자 아브라함은 종들이 지고 온 나뭇짐을 아들에게 지우고 모리아산에 올랐다. 힘겹게 오르던 아들이 아버지를 돌아보며 물었다. "아버지, 불과 나무는 있는데 번제에 쓸 '어린양'은 어디 있어요?" "얘야, 그 양은 야훼께서 자기를 위해 친히 준비하실 거다."(창 22:6~8)

무심코 한 대답일까? 우선 둘러대고 보는 걸까? 하나님께서 그에게 지시하신 곳에 아들과 함께 나무더미를 쌓고는 아들을 결박해서 그 위에 올려 놓았으니 의문이 드는 거다.

"야훼께서 준비하신다면서요?" 아들은 항변할 만한데도 아무 말 없이 아버지에게 몸을 맡겼다. 그런 아들의 태도와 그를 묶는 노쇠한 아버지와의 아연한 순간이다. 아버지는 칼을 고추 쥐었고, 누워 있는 아들은 아버지의 냉혹한 눈빛을 절규 어린 눈으로 응시했다.

순간 하늘로부터 음성이 들렸다. "네가 네 아들, 네 독자까지라도 내게 아끼지 않았으니, 내가 이제야 네가 하나님을 경외하는 줄 알겠노라" 아브라함이 주위를 살펴보니 숫양 한 마리가 수풀에 걸려 있었다. 그가 걷던 사흘 산길은 모진 마음을 다지기 위한 연단의 시간으로서 사랑하던 아들 너머 하나님의 그 언약을 의뢰한 거였다.

자기를 버리신 것을 안 아들은 하늘을 우러러 "엘리 엘리라마사박다니!" 아들의 절규를 하나님께서 어둠으로 덮으셨다. 흑암에 휩싸인 언약궤에는 티스리월月 속죄일마다 염소의 피가 부어지고 아빕월月 유월절마다 뼈마디마디 조각난 살점이 제단에 불살라졌다.

종국에는 로마 병사들이 제물을 잡는 세상의 제사장이 되어 아들은 손발에 못이 박히고, 창에 심장이 찔려 해골산 법궤 위에 피를 쏟았다. 그때 캄캄해진 천지는 하나님의 지성소至聖所였다. 하나님께서 아브라함에게 "네가 네 아들, 네 독자까지라도 내게 아끼지 않았다"는 그 말씀은, 독생자 예수를 죽음에 내놓겠다는 하나님 자신의 고백이었음을 백성들은 알지 못했다.

그래서 예수께서 자기를 따르는 제자들에게 엄히 말씀하셨다. "아버지나 어머니를 나보다 더 사랑하는 자는 내게 합당하지 않으며, 아들이나 딸을 나보다 더 사랑하는 자도 내게는 합당하지 않아!"(마10:37)

아브라함이 믿음의 조상인 줄 아는 이들은 아버지에게 몸을 맡겼던 이삭처럼, 자신의 존재 목적이 하나님 영광에 있음을 살아생전 증거 하리라. 그 영광은 창세 때부터 함께하신 아들의 영광으로서, 그리스도께서 죽으셨던 모멸적 죽음의 패러독스다.

예수께서 자기 백성의 제물이 되신 '해골산' 너머 천하가 어둠에 휩싸였던 그때에 성 안에서는 그리스도께서 나무에 매달리셨고, 성 밖에서는 삼 년간이나 스승을 따르던 한 제자가 자신이 쫓던 탐욕의 회한에 사로잡혀 썩은 동아줄에 목을 맸다.(행1:18)

《골고다의 cherubim》 Oil on Canvas 106×53cm 2003

자신의 아들을 아끼지 않았던 아버지와 그 아들 사이에 엇나간 눈 맞춤이 내게는 골수를 찌르는 비수였다.

《제 6시의 묵상》 Oil on Canvas 96.6×72.7cm 2006

'제6시'의 묵상

"엘리 엘리 라마사박다니!"
어둠에 묻힌 아들의 절규를
성부께서 덮지 않으셨다면
우리에게 영원한 출구란
꿈에조차 생각 못할 명제였다.

갑질의 비수

계약서 쓰자 내민 민망한 손가락
그대는 을, 나는 갑
갑은 갑질 조건 빼곡히 거미줄 치고
정죄의 당위성은 서명을 기다린다

때로는
어제의 친구도 갑과 을이 되고
계약서 용지는 날선 작두가 되고
갑의 비수 날을 세운다

야훼께서 계약하자 하셨다
'나는 너희의 을, 너희는 내 백성'
후손들이 파기해도 야훼께서 지킨다는 계약에
아브라함은 민망한 갑이었다

날 퍼런 조건 따라
이 짐승 저 짐승 쪼개 놓았더니
그 사이에 어둠 가르는 서명
야훼의 불꽃이었다

흑암 덮은 해골산, 쪼개진 주검
갑질 비수는
사지를 찌르고
옆구리를 찌르고
터진 심장은 피가 솟구쳤다

날선 계약에 갑의 서명은 '오직 믿음'
그리스도께서 오늘도 죽는다
나는야 오늘도 죽는다

《Morning Glory》 Oil on Canvas 72.7×532cm 2023

MORNING GLORY

저녁이 되고 아침이 되고
어둠이 가고 아침이 오니
보라! 새날이다

여리고성 무너지던 날
나팔수 함성에 어둠이 가고
성자의 절규에 죽음이 가고

'제9시' 해골산 아침은
나팔꽃을 피워 새날을 알린다
아침의 영광 Morning Glory

'제6시' 정오부터 '제9시'까지 천하를 뒤덮은 그 어둠은 성부께서 성자의 절규를 외면하신 시간이었다. 한낮이 도리어 밤이었다는 역설적 현상에 성전에서는 지성소를 가로막던 휘장이 갈라지고, 무덤에서 잠자던 성도들이 깨어났다. 그들은 예수께서 부활하시자 '거룩한 성'으로 들어갔다.(마27:45~53) 미스터리한 그 거룩한 성이 어드메인가.

하늘과 땅 사이 장벽이 사라진 그 시간, 태양빛이 어둠에 삼키고 다시 밝아진 '제9시'. 드디어 그리스도와 함께 죽어 중생한 이들이 그 성에 올라 새 아침을 선포한다. "이전 것은 지나갔으니, 보라! 새것이 되었도다."(고후5:17)

《혼인잔치》 Oil on Canvas 53×45.5cm 2011

성자의 혼인잔치

초현실주의 화가 '마르크 샤갈' 작품에는 혼인이나 부부를 주제로 한 것들이 꽤 많다. 그 가운데 혼인광경은 예외 없이 촛불 밝힌 저녁이다. 창세기는 한 주간 날들의 시작점이 저녁임을 선포하고 있으므로 하나님께서 창조를 마치시고 안식하신 그 날의 시작점마저도 어둠이 깃든 저녁이다.(창1:5~23)

인생은 생명이 있는 한 그 주기가 반복된다. 그 너머는 태양빛이 없는 영원한 밤이거나, 아니면 하나님영광이 영원한 낮이다.

샤갈의 작품 중에 혼인주제가 유난히 많은 까닭은 그가 유대인으로서 성경유래에 따른 전통적 배경과, 성경에 담긴 혼인의 의미를 알고 있기 때문이다. 아름답고 환상적인 그 작품들은, 천국은 마치 신랑을 맞으러 나간 열 처녀와 같다고 하신 예수님의 말씀을 연상케 한다.

그들이 등불을 들고 신랑을 맞이하러 마을 어귀에 나왔다는 데서 이야기는 시작된다. 신랑이 늦어지므로 기다리던 처녀들은 모두 잠이 들었고, 신랑이 온다고 외치는 소리에 잠이 깼으나, 등불은 꺼져갔다.

여분의 기름을 예비하지 않은 다섯 처녀는 기름을 구하러 어둠 속으로 떠나자, 마침 당도한 신랑은 불 밝힌 처녀들과 함께 혼인잔치에 들어가고 문은 닫히고 만다. 그렇듯 해지는 저녁은 영원히 지속되는 밤이거나, 또는 신랑과 함께 영원한 혼인잔치에 들어감이 성경의 계시다. 어둠 속을 헤매던 저들이 찾아와 문을 두드리는 소리에 신랑이 내다보고는 단언했다.

"내가 너희를 알지 못하노라."

그들도 등불을 들고 신랑 맞으러 나섰다는 점에서 저들은 결코 교회밖에 있는 세상 사람이 아니다. 여분의 기름이 없을 뿐이지 저들이 들고 왔던 등잔에도 불빛이 타오르고 있었지 않은가. 그런데 굳이 등불이 꺼질 때를 맞춰 온다니, 등불 꺼진 신부들은 애초부터 그리스도의 신부가 아니었다는 이야기다.

이야기 속의 저들을 향해서는 "내가 너희를 알지 못하노라, 했다" 하셨고, 듣고 있는 청중을 향해서는 "그러므로 깨어있으라"고 경고하셨다. 세월이 흐르고 흘러 2천년이 지난 오늘날에 지구 반대쪽에 사는 성경독자가 맞닥뜨리는 말씀역시도 "그러므로 깨어있으라"는 그때 그 말씀이다. 그렇듯 성경은 시공간을 뛰어넘는 하나님의 말씀이다.

'새 아담'으로 오신 예수께서 십자가에 달려 죽으심으로 핏물을 다 쏟으셨다. 바울의 말처럼 그와 함께 못 박혔다면, 육신의 소욕을 따라 살던 인생도 그와 함께 죽었으므로 이제는 자기 안에 그리스도께서 사신다. 그 분이 바로 새로 갈아 넣은 기름처럼 새로운 삶을 살게 하신 그리스도의 성령이 아니신가. "그러므로 깨어있으라"는 말씀은 그런 의미다.

예수께서 설파하셨다. "너희가 악할지라도 좋은 것을 자식에게 줄줄 알거든 하물며 너희 천부께서 구하는 자에게 성령을 주시지 않겠느냐?"(눅11:13) '옳거니, 미처 죽지 못한 자신의 텅 빈 영혼에 성령을 구해 넣어야지.' 그래서 자신의 등잔에 호기심과 탐욕을 채우기 위해 방언, 예언, 치유은사에다 만사형통을 구했던가? 그게 아니라면, 그들의 등잔에 담긴 기름은 자기의 열심과 공덕으로써 자기의(義)였을 게 분명하다.

이 같은 종말현상은 분명 미래의 이야기임에도 예수께서 저들에게는 "내가 너희를 알지 못하노라, 했다"는 과거완료로써 선언과 함께, 어둠에서 이를 갈 것이라는 미래적 운명을 예고하셨다. 이를 갈아본들, 불빛 꺼진 등잔에 가득한 것은 어둠뿐이라니…….

샤갈 작품에서 두 연인의 혼례는 불 밝힌 밤 풍경과, 서로 손잡고 한몸 이룬 부부는 세상을 벗어나 하늘에 떠있는 아침 풍경이다. 그의 작품들은 그토록 창조주께서 베푸신 영원한 안식의 시작점이 기쁨의 축제임을 암시하고 있음에도 어쩐 일인지, 감상자들은 신비스런 황홀경에 마냥 탄성만을 지를 뿐이다.

《새벽손님》 Oil on Canvas 33.4×53cm 2019

생명의 떡

《새벽별》Oil on Wood 20×23cm

당시 《유대 왕》은 '헤롯'이었다. 갈릴리 총독이었던 그는 '에서'의 후예로서 '에돔'족이었음에도 '안토니우스'와 '옥타비아누스'의 야심 사이에 눈치껏 충성을 다한 대가로 '유대 왕'에 책봉되었다. 그는 유대인의 정통성을 갖추기 위해 대제사장 가문의 '미리암네'와 결혼하였으며 자기를 지지하고 로마법을 준수하는 '헤롯당'을 귀족으로 육성해서 통치기반을 삼았다.

그가 84년이나 걸릴 웅대한 성전 재건 단행도 사법권을 쥔 '산헤드린' 공회의 환심을 사기 위해서였으며 그가 사법권을 쥔 '산헤드린' 공회의 환심을 사기 위해 84년이나 걸릴 웅대한 성전재건을 단행하였고, 항구도시를 건설해서 가이사(Caesar) 신전을 짓고 가이사랴(Caesarea)로 명명했으며, 사마리아의 세바스티아(Sebastia) 역시 그같이 건설하여 가이사에게 봉헌했다.

그가 하나님 통치를 위해 이스라엘에게 주신 땅을 '에돔'족이 왕이 되어 황제 신상에게 바치더니 유대왕조 일족과 그들의 추종자들, 대제사장과 자기 모친, 삼촌, 장모, 처남, 아내, 사위와 두 아들을 처형하고, 자신의 탐욕을 위해 아홉 차례나 결혼한 희대의 인물이다.

그는 로마가 심어 놓은 유대의 '거짓 왕'으로서 태생적으로 속이는 자요, 미혹하는 자요, 살인하는 자요, 어둠의 임금으로서 예루살렘에 똬리 튼 사탄의 전형이다. 그가 바로 메시아를 제거하려고 베들레헴의 젖먹이 남아들을 모두 학살한 장본인이다. 가히 히브리족의 갓난 남아들 숨을 모조리 끊으려 한 애굽의 '바로(Pharaoh)'였다.

그렇다면 《예루살렘》은 어떤 곳인가? BC 586년 바벨론 침공에 성전이 불타고 훼파될 때 황금 씌운 법궤는 탈취 당했다. '스룹바벨'이 재건한 성전을 헤롯 대왕이 웅대하게 재건해봤자, 진즉에 야훼 영광 떠난 껍데기로서 제사 빌미로 백성들 등쳐먹던 대제사장과 '사두개파' 귀족들의 소굴이었다. 헤롯왕과 경비대, 헤롯당 특권층, 로마 주둔군과 그들이 사는 '평화의 도성' 예루살렘은, 저들이 예수그리스도를 처형하기 위해 한때나마 로마의 평화를 모방한 'Pax Jerusalem'이었다.

그 곳에서 두 시간 거리 《베들레헴》은 야곱이 극진히 사랑하던 '라헬'이 잠들어 있고, 시어머니 따라 '모압' 떠난 '룻'이 '보아스'와 가정을 이루며 살던 곳이며, 다윗이 태어나고 성장했던 곳이다. 그 지명의 뜻이 《떡집》으로서 전래된 가나안의 《별》이다. 예수께서 자기 백성에게 '영생의 떡'으로 그곳에 별처럼 오셨던 것이다.

"나는 하늘에서 내려온 살아 있는 떡이니,…… 인자의 살과 피를 먹고 마시지 않으면 너희 속에 생명이 없느니라."(요6:51,53)

동방에서 박사들이 별을 따라 그 떡집에 찾아왔다. '한 별'이 야곱에게서 나온다는 이방 선지자 '발람'의 예언대로 밤하늘을 살피던 박사들 눈에 그 별이 홀연히 나타났던 거다.(민23:17) 위세 떨던 헤롯 대왕이 기어코 어둠 속으로 사라지듯이, 그

'한 별'은 모압, 에돔, 아말렉, 앗수르를 망라한 온 대적들을 진멸해서 이스라엘을 굳건케 할 메시아 탄생의 고지告知였다.

그들이 황금, 유향, 몰약을 지니고 밤이면 밤마다 별 따라 산 넘고 물 건너 당도한 그곳은 음습하고 퀴퀴한 마구간이었다. 그들은 예물을 갖고 아기 예수께 경배할 때, 그들의 심정은 가슴 벅찬 감격은 아니었을 거다. 보기에도 민망한 산실을 뒤로 하고 떠날 때, 그들은 그 참담함에 행여 눈물짓지나 않았을지……. 돌아서는 그들의 꿈에 천사로부터 헤롯이 아기를 죽이려든다는 말까지 들었다니 드는 생각이다.

헤롯이 군대를 보내어 베들레헴의 젖먹이 남아들을 모조리 학살함으로써 산모들의 울음이 끊이지 않았어도, 예루살렘의 저들은 헤롯의 그 짓을 모른 척 30여년을 잘도 지냈다.

때는 유월절 백주대낮이 어둠에 삼켜진 그 날이었다. 민란을 일으킬 기세로 예수를 못 박으라 '빌라도'를 압박한 저들이 바로 오병이어五餠二魚에 배불렀던 백성들이었다. 차라리 그 떡을 먹이지나 말 일이지. 3일 굶은 저들에게 오병이어가 정녕 생명이었거늘, '나는 하늘에서 내려온 살아 있는 떡'이라니…….

예수께서 세상에 오시던 그때 그 밤처럼, 제자들조차 달아난 해골산 그 어둠 아래서 원수지간이었던 헤롯과 총독, 반목하던 사두개인들과 바리새인들, 목이 곧은 백성들까지도 그리스도를 죽이는 일에만큼은 친구가 되었다고 복음서는 기록했다.(눅23:12) 그 어둠 속에서 절규하다 숨진 저주의 화신은 사망 권세 끌어안고 '스올'로 떨어져 생명의 떡이 되었지.

그래, 오고 오는 세대마다 자기 백성들과 한몸된 교회의 '성찬'이고자 그 《한 별》은, 새아침을 열던 그날 한낮에 그들의 '한 떡'이었지.

《성탄》 Oil on Wood 20×23cm 2022

황금을 달아 재는 백자 추, 그 아래 핏빛 인증 도장. 그 추에는 해와 달이 함께 떠있는 거스름에 역[易]자다. 밤하늘에 별들 빛나고 동방박사 예물이 나그네인생의 궤적이면, 해와 달, 낮과 밤의 교차는 오간 곳 없는 인생의 바람결인 것을.

《낮과 밤》 Oil on Canvas 72.7×60.6cm 2019

'가나' 혼인잔치

'가나'는 갈릴리호수 서편에 있는 고을로서 예수께서 물을 포도주로 바꾸셨던 곳이다. 이웃 고을에 살던 마리아는 잔치 준비를 거들기 위해 미리 와 있었고, 예수께서도 제자들과 함께 초대되었다. 한참 무르익던 잔치에 포도주가 떨어졌는데, 때마침 예수께서 당도하시자 마리아가 그 사정을 예수께 알렸다.

"여자여, 나와 무슨 상관이 있습니까? 아직 '내 때'가 이르지 않았습니다."

마리아는 하인들에게 아들 지시대로 행하라 이른다. 예수께서 결례 수 담긴 항아리 여섯 개가 놓여 있는 걸 보시고는 그것에 물을 채워 연회장에 갖다 주라고 하인들에게 지시하신다. 그 물은 가져가는 사이 포도주로 바뀌어 연회장에서는 아직까지도 좋은 포도주를 내준다고 신랑을 칭찬했다.(요2:1~11)

예수께서 공생애 기간에 보이신 기사奇事 중 첫 이적異蹟에서 어머니와 아들간의 무척이나 어색한 대화다. 왜 그러셨을까? 하인과 제자들 앞에서 어머니를 '여자'라 부르고, 묻지도 않은 말에 '내 때'라니…….

'내 때'란, 예수께서 공생애를 마칠 즈음, 포도주를 나누어줄 그 한때다. 그 때는 어머니 마리아도 그 잔을 받아야 할 사람들 중에 '한 여자'이며 예수께서 그 때를 위해 오셨다. 그 때가 되면 "아무에게 가서 '내 때'가 가까이 왔으니, 제자들과 함께 유월절을 네 집에서 지키겠다 하라"고 예수께서 제자에게 이르실 것이다.(마26:18)

그때가 역사적 마지막 유월절逾越節 만찬을 나누고 피를 흘리실 때다. 예수께서 그 때를 얼마나 고대하셨는지, "내가 고난 받기에 앞서 이 유월절 먹기를 원하고

원하였노라" 거듭해서 강조하셨을 정도다.(눅22:15)

예수께서 그 저녁에 무교병無酵餠과 포도주를 나누어주시며 '이것이 내 몸'이요, '이것이 내 피'라 하시고는 "내가 포도나무에서 난 것을 이제부터 내 아버지 나라에서 새것으로 너희와 함께 마시는 날까지 마시지 않으리라" 하셨다. 유월절 밤이 지나고 그 한낮에 예수께서 십자가에 달리셨다.(마26:18~29) 그러므로 '가나혼인잔치'의 이적은 영원한 천국잔치의 표적表迹으로서 계시된 사건이다.

그렇듯이 가나혼인잔치와 마지막 유월절 두 사건은 예수께서 보내신 공생애 앞뒤를 장식하는 샌드위치 표적이다. '공관共觀복음서'가 마지막 유월절 만찬에 주목했다면, '요한복음서'는 첫 표적에 주목하며 4복음서는 완결된다. 예수께서 그 잔에 부어질 환희를 마련하고자 골고다에서 물과 피를 다 쏟으셨던 거다.

그러나 문맹의 중세교회가 '내 때'라는 계시를 묵살하고 예수 그리스도를 '어머니 부탁에 차마 거절 못하는 아들'로 눈가림했다. 그렇게 해서 신자들 손에 묵주를 들려주어 어머니 마리아에게 온전한 구원을 의탁하는 교회 전통을 확립했다. 그 신심信心에 오늘도 세계 도처에서 하염없이 묵주 알을 헤아린다. "……천주의 성모 마리아님, 이제와 저희 죽을 때 저희 죄인을 위하여 빌어주소서 아멘"

《마지막 유월절 만찬》 Oil on Canvas 2m×1m 2003 -트리니티 신학대학원대학교 소장-

'안드레아 델 카스타뇨'와 '도메니코 기를란다요'에 이어 '레오나르도 다빈치'에 이르러서 완성된 '최후의 만찬'은 르네상스 정신이 충일한 대천재의 걸작이다. 그들은 절기로 이어오며 계시되었던 구속사적 마지막 유월절 만찬을 '인간성 회복'이라는 인본주의 관점으로 돌려 놓았다. 《최후의 만찬》이라는 그 명제가 반증하듯이 스승에 대한 배반이라는 사제지간의 갈등을 극적으로 다루어 희화화 한 반복음적인 작품이다. 중세교회가 구속사의 절정을 마리아에게 돌렸다면, 르네상스는 인간성 회복에 돌렸다.

작품 《마지막 유월절 만찬》은, 성경 계시대로 그 빵과 잔이 유월절 한낮에 죽으신 그리스도의 몸과 피로서 재림 때까지 기념해야 할 식탁이다. 모든 감상자들을 그때 그 유월절 만찬 현장에 세우고 이 잔을 받을 것인지 묻고자 했던, 실로 5세기만에 구속적 계시 사건을 회복한 작품이다.

《공간배열 18-1/베로니카의 손수건》 162.2×130.3cm Oil on Canvas 2018

혈루병 12년

‘베로니카’는 혈루병을 앓던 여인으로 전해진 전설의 이름이다. 그녀가 12년간 앓았다는 복음서의 기록에 따라 가임기간을 고려하면, 혼기를 놓친 지 10년이나 된 처녀이다. 병을 고치기 위해 가산을 탕진하고도 율법은 부정한 여인으로 규정하고 있어 집밖을 나오지 못하는 비운의 여인이었다.

어느 날, 회당장會堂長 ‘야이로’가 예수께 나와 죽게 된 어린 딸을 살려 달라고 간청할 때였다. 몰려든 인파로 밀고 밀릴 때, 예수께서 자신의 몸에서 능력이 나간 것을 아시고 누가 내 옷에 손을 댔는지 물으셨다. 그러자 옷자락에 손댄 여인은 자신의 몸에서 혈루병이 떠났음을 깨닫고 예수께 나와 엎드렸다.

한센병자가 사람 앞에 나서는 것이 율법에 금지된 것처럼, 부정한 혈루병자 역시 그런 처지였다. 그럼에도 그녀는 사람들 틈새를 비집고 들어가 서슴없이 남자 옷자락을 잡고 말았다. 살아본들 부정한 여인, 어둠에서 살다 어둠으로 사라질 저주받은 그 여인은 언약 백성이 무색했다. 예수께서 그녀에게 선언하셨다.

“딸아 네 믿음이 너를 구원하였으니 평안히 가라. 네 병에서 놓여 건강할지어다.”

죽지 못해 숨어 살던 부정한 그녀에게 남자 옷깃을 붙잡는 짓은 돌 맞아 죽을 마지막 희망이었다. 그러나 예수께서 그녀의 병을 고쳐 주셨을 뿐 아니라, 동족으로부터 버림당했던 그녀를 '딸'이라 부르며 ‘언약 백성’으로 받아주셨다. 그러는 사이 회당 장 ‘야이로’의 딸이 죽었다는 전갈이 왔다. 그 말을 들은 예수께서 야이로의 집으로 가셔서 죽은 소녀 손을 잡고 “얘야 일어나라” 하시니 소녀는 일어나 걸었다. 그 소녀가 '열두 살'이었다고 복음서는 기록하고 있다.

어느 날, 예수께서 관원들에게 잡혀 갔다는 소문을 들은 혈루병 앓던 여인은 그곳으로 달려갔다. 로마 군인으로부터 모진 매를 맞고 피투성이가가 된 채 십자가를 지고 가는 그리스도를 목격한 것이다. 십자가 무게에 눌려 후들거리는 발걸음, 머리에는 가시관이 박혀 피가 낭자해 눈을 못 뜨는 얼굴. 예수께서 쓰러져 숨을 헐떡이자 군중 사이에서 울며 좇던 그녀가 신경이 곤두선 군인들 사이를 헤집고 다가가 얼굴을 닦아드렸다.

혈루병 앓던 여인의 치유와 죄사함, 그리고 야이로의 딸이 회생으로 엮여 있는 두 사건에서 '마가'와 '누가'는 굳이 '열두 해'와, '열두 살'이라는 같은 년 수를 밝혀 놓았다. 야이로의 딸이 다시 살아나기까지 살았던 햇수 '12'는, 여인이 혈루병을 앓던 기간 이었다. '12년' 그 숫자는 저주 아래 놓여 죽은 자와 다름없는 열두 지파 이스라엘 민족의 상태였던 것이다.

죽은 소녀와, 죽은 듯 지내야 했던 혈루병자는 하나님께서 '내 아내'라 일컬으시던 신부로서 이스라엘의 표상이었다. 예수께서 혈루병 앓던 그 여인의 무모한 행동을 '구원의 믿음'이라 천명하셨던 것과, 죽은 야이로의 딸이 잔다며 깨우셨던 사건은, 예수께서 유대 땅에 오신 목적을 묵시하는 구원과 부활의 현장이었다.

그렇다. 여인의 혈루병은 죄 범한 '하와'의 필연적 저주였다. '하와' 그 이름은 저주받은 땅에 존재하는 산 자들의 어미로서 아담이 지어준 이름이다.(창 3:20) 그래서 에덴 밖으로 쫓겨났던 '모든 산 자들의 어미' 그 하와를 찾아 예수께서 '새 아담'으로 오셨던 것이다. 그렇듯 일련의 두 사건은 하나님께서 자기 백성에 대해 신실하신 언약을 명징하고 있다.

선지자 이사야가 말했다. "그가 찔림은 우리의 허물 때문이요, 그가 상함은 우리의 죄악 때문이라. 그가 징계 받으므로 우리는 나음을 받았도다."

그는 곤욕을 당하고 끌려갔으나, 그 세대 중에 누가 생각하기를 "그가 살아있는 자들의 땅에서 끊어짐은, 마땅히 형벌 받을 내 백성의 허물 때문이라" 차마 생각했을까? 에워싼 많은 무리들 중에 오직 그 여인만이 구원받았고, 죽은 자들 가운데 그 소녀만이 회생되었던 것처럼, 기막힌 그 실상이 자신이었음을 자각하는 자에게 주어지는 구원의 은총이다.

야수파(fauvisme) 거장 『조르주 루오』의 《성안聖顔》은 베로니카의 손수건에 찍힌 피 묻은 그리스도의 얼굴이 모티브였고, 나의 작품 깨어지기 쉬운 유리잔에 담긴 《베로니카의 손수건》은, 은총 입은 우리 자신의 메타포다.

《공간배열18-2/베로니카의 손수건》 2018

《대지의 꽃(2)》 Oil on Canvas 72.7×60.6cm 1998

삼위일체론 각축角逐

60년대 중학생 영어 참고서로 유명했던 책이름이 『삼위일체』였다. 하나님을 일컬을 의도가 아니라면 결코 그렇게 사용해서는 안 되는 용어다. 그렇다 한들 세상이 관심인들 있을까마는, 기독교인이라고 해서 모두가 관심 있는 것도 아니다.

하나님은 인격적 삼위로 존재하면서 본체가 한 분이라는 단순한 가르침에 서슴없는 반응은 언제나 '아멘'이었다. 공식 암기하듯 주고받았으면 됐지 뭘. 그러나 그 지점을 떠날 수는 없다.

2012년 무렵이었다. 교인 12만을 담임하는 목회자가 복음전도 목적으로 쓴 기독교변증이 국내 최대 부수를 자랑하는 일간지 통 지면에 몇 차례 게재되었다. 그 가운데 삼위일체 해설이다. 물이 얼면 고체가 되고, 녹으면 물이 되고, 그 물이 증발해서 기체가 되어도 본질은 변함없는 H_2O라는 논리다. 바꿔 말하면, 직장에서 부장인 사람이 가정에서는 아내의 남편이요, 자식들에게 아버지여도 실제는 한 사람이라는 기막힌 논리다.

그처럼 하나님께서 구속사에 세 양태로 보이셨다면, "'우리'의 형상을 따라 '우리'의 모양대로 '우리'가 사람을 만들자"거나, 아담이 선악과를 먹음으로써 "선악을 아는 일에 '우리' 중 하나같이 되었다"는(창1:25, 3::22) 하나님 말씀을 12만 성도들은 문학적 수사로 믿고 "아멘" 했던가?

예수께서 세례 받으시자 하늘이 열리고 성령이 비둘기같이 임하며 하늘로부터 "이는 내 사랑하는 아들"이라는 소리가 울렸다.(마3:16,17) 한 시·공간에 삼위하나님께서 개별적 존재를 드러내심으로써 예수께서 공생애를 시작하셨는가 하면, "아버지여, 창세전에 내가 아버지와 함께 가졌던 영화로써 지금도 아버지와 함께 나를 영화롭게 하옵소서."(요17:5) 하시며 공생애를 마감하셨던 기도마저도 문학적 수사였던가?

하나님께서 인간으로 태어나서 십자가에 죽으시고 부활하셨다면, 하나님을 잉태한 마리아 자궁은 한때나마 성전이었으며, 하나님을 젖 먹여 키운 그녀는 하나님의 어머니다.(431년 에베소공회) 3세기 노에투스(Noetus)와 사벨리우스(Sabellius)는 십자가에 달려 죽은 하나님께서 삼일 간 지옥에 계셨다는 '성부수난 설'을 주창했다.

천국이든, 지상이든 하나님께서 부재했던 때가 있었다니, 그처럼 생사를 오가는 하나님을 믿을 바에는 차라리 묵주 알을 세고 또 셀지라도 하나님 어머니께 "천주의 성모 마리아님, 이제와 저희 죽을 때 저희 죄인을 위하여 빌어주소서 아멘" 그 기도만이 구원의 믿음일 것이다.

325년 '니케아 공회'와 381년 '콘스탄티노플 공회'를 거쳐 삼위일체교리가 확립됨으로써 단일신론을 주창하던 아리우스(Arius)파는 그때 이단으로 정죄되었다. 그랬다 한들 그들을 정죄한 공회가 오히려 이단이라는 인식이 신문지면 덮듯이 오늘날까지도 대세 아닌가.

세르베투스(Miguel Servetus)가 그의 저서 《삼위일체론의 오류》를 통해 그같이 주장하다가 제네바에서 화형당하더니, 소치니우스(Faustus Socinus)는 그 신론을 유럽에 전파했다. 그의 가르침에 빠져든 이들이 유럽 각국으로부터 추방당하면서 단일신론은 영국으로, 미국으로 들불처럼 번져갔다. 급기야는 1825년 미국 유니테리언(Unitarian)연합을 결성해서 하버드, 예일 대학의 신학강단을 점령한 것은 주지된 사실이다.

가이샤랴 빌립보를 돌아보고 온 제자들의 전언에 예수께서 물으셨다 "그러면 너희는 나를 누구라 하느냐?" 베드로가 대답했다. "주는 그리스도요 하나님의 아들이십니다." 예수께서 그의 고백위에 《내 교회》를 세우겠다고 천명하셨다.(마 16:13~16)

그러나 예수의 모범을 따라 시대적, 사회적 책임을 다해 살 것을 가르친 그들에게 예수는 한날 사람의 아들이었다. 베드로의 고백을 부인하고 예수께서 천명하신 '내 교회'에 밖에 존재하는 그들은 양태론자보다도 솔직한 '단성론'자들이다. 그들에게서 '세르베투스'는 순교자였다. 그런 까닭에 세르베투스 화형에 분노하는 '아르미니우스'주의자들에게 칼빈은 그야말로 철천지 원수였다.

그의 후예들이 인간의 전적 타락과 무조건적 선택, 제한적이며 불가항력적 구원의 은총에 성화조차도 필연적이라 하니, 그 교의가 오죽 거슬렀으면 살인자 프레임을 씌워 칼빈을 혐오했을까.

칼빈 생전에 초상화를 의뢰했다는 기록은 없어도 대척자들은 반감을 촉발케 할 이미지 고착화에 성공했다. 냉혹하고 섬뜩한 인상일지라도 '칼빈주의'자들조차 오직 깡마른 얼굴, 오직 표독스런 눈매, 오직 뾰족한 턱이라야만이 달가운 그의 초상이라니, 그런 아이러니가 있을까?

오늘날 하나님은 삼위로 존재하면서 한 분이라는 교회강단의 단순한 가르침에 서슴없이 내뱉는 '아멘'은 양태론의 삼투압현상을 부르는 주문呪文과도 같다. 그토록 아리송한 설명에 양태론의 명료함으로 '아멘'을 이끌어낼 수 있다니……. 그 각축角逐은 목자 목전에서 끊인 적 없으니 해 저물어 제 우리로 들어가면 그제서나 잠들려나.

시온의 딸, 예루살렘

《예루살렘아~》 Oil on Canvas 533×3.4cm 1998

작품에 보이는 예루살렘은 예수께서 우시던 위치에서 바라본 해넘이 정경이다. 예수께서 '나사로' 죽음에 우시더니 며칠 안 돼 또다시 우셨다.

벳바게와 베다니마을을 지나 예루살렘에 오르다 보면 감람산 중턱에 이르고, 기드론 골짜기 맞은편 성벽 너머로 성전이 한눈에 들어온다. 절기 때마다 오르시며 보셨을 성전은 유대 왕으로서 호산나 환호 소리에 오르시는 날조차 "내 아버지 집"이 아니었다. '에돔' 족속 '헤롯'이 산헤드린 장로들의 환심을 사려는 목적으로 46년째 건축 중인 성전은, 절기를 지키려 몰려오는 백성을 등쳐먹는 제사장 귀족들의 소굴이었다. 암담한 세상에서 나사로의 죽음에 눈물지으시던 예수께서 가증한 예루살렘을 끌어안고 죽어야 하는 참담한 입성에 끝내 눈물과 울분을 토하셨다.

왕의 입성에 백성들은 벅찬 희망으로 "호산나"를 부르며 호위하는 가운데, 예수께서 이토록 통탄하며 우시는 애처로운 광경이 또 있을까? 백성들이 무교절을 지키기 위해 집결하는 예루살렘에서, 어린양으로서 언약의 성취가 저주였다니…….

> "예루살렘아, 예루살렘아! …… 보라, 너희 집이 황폐하여 버려진바 되리라 …… 네 원수들이 토둔을 쌓고, 너를 둘러 사면으로 가두고, 네 자식들을 땅에 메어치며 돌 하나도 돌 위에 남기지 아니하리라"(눅19:42)

예수께서는 병들고 가난한 그들 곁에서 신체장애와 불치병 치유에 귀신마저 쫓아내시고, 성전을 향해서는 강도들의 굴혈이라 외치시며 사두개인들과 바리새인들에게 "뱀들, 독사 새끼들"이라고 그들의 정체를 폭로하셨다.

백성들이 그리스도 입성에 열광했던 까닭은, 그 신적 위세에서 2세기 전 셀레우코스제국으로부터 나라를 되찾고 성전을 회복했던 '유다 마카베오'를 기대했기 때문이다. 그러나 허무하게도 한갓 성전 관원들에게 붙잡혀 가시더니, 심문 중에 주먹으로 뺨맞고 얼굴에 침 뱉음을 당하셨다. 그렇게 밤새 시달리다 헤롯에게 데려가 비웃음을 당하고는 총독 빌라도 앞에 서있는 피고인 신세였다. 백성들은 그런 예수를 믿고 목청껏 호산나를 부르며 열광했던 게 아니었다.

대제사장이 백성들을 선동하기에 이처럼 절묘할 수가 없다. 백성들의 기대는 배신감으로 바뀌어 치오른 분노와 증오심들을 기대했던 대제사장의 수순은 백성들을 진정시키는 간교함이었다. 그렇게 예수를 십자가에 매달아 죽여 자신들의 분노를 달래더니, 고대하던 성전이 찬란하게 완공되자 독립을 꿈꾸던 열심당(Zealot)이 로마를 무찌르겠다고 나섰다.

3년여 전쟁 끝에 그들은 예루살렘 성으로 후퇴했으나 피난민까지 몰려든 데다 명절기간이 겹쳐 예루살렘 성은 북새통이었다. 때마침 흉년으로 인해 발생한 폭동에 그 성에서 11만 명이 살해되고 굶어죽었다. 그들이 자랑하던 하나님 도성은 그야말로 자신들을 가둔 죽음의 도가니였다.

AD 70년, 때를 노리던 티투스군대는 북쪽 성벽에 토둔을 쌓고 넘어가 닥치는 대로 학살했다. 여인들의 배를 가르고 어린아이들을 돌 벽에 메치는 등, 110만 명을 잔인하게 도륙하고 10만 명을 노예로 잡아갔다.(유세비우스의 교회사 제7장)

예수께서 그 광경을 내다보시고 우셨던 건데, 어쩐 일일까? 한 제자가 예수께서 토로하신 그 말씀이 인류 종말의 계시였음을 간파하다니…….

"어느 때에 이런 일이 있겠으며, 또 주께서 임하심과 세상 끝 날에는 무슨 징조가 있습니까?" 유대의 멸망과 두려운 세상 끝 날을 예수께 물었다.(막13:24) "그 때에 그 환난 후, 해가 어두워지며 달이 빛을 내지 아니하며……," 하나님께서 아들에게서 백성들의 죄를 보시고 심판하셨던 그때, 그 한낮이 그처럼 깜깜했다. 그것이 너무나도 두려워 까무러칠 끝 날의 계시였지 않은가.

예수께서 천국은 귀신, 병자, 신체장애가 없는 곳임을 치유를 통해 그들의 목전에서 확증해 주셨다. 오병이어의 이적마저도 예수께서 자신의 살과 피를 먹지 않고서는 영생할 수 없음을 확증하신 표적이었다.

그들이 희망하는 메시아였다면 진즉에 로마를 진멸해서 다윗시대 영광은 물론이고, 그들이 굶주리는 일 따위는 없었을 것 아닌가. 그런데 40년 후에 벌어질 유대의 멸망을 보시고도 참혹한 로마의 악행에 심판은커녕, 되레 도살장으로 끌려가는 어린양처럼 메시아는 피투성이가 되어 죽었다.

《푸른 등잔》 Oil on Canvas 72,7×53cm 2003

예수께서는 자기 백성들의 죄를 대신해서 죽으시러 오신 것이었기에 공생애 첫 일성이 "천국이 가까이 왔으니 회개하라"는 촉구였다. 그러나 그들은 결코 회개하지 않았다. 권능을 가장 많이 행하셨던 갈릴리의 완고함은 기어이 심판을 자초했다.

"화 있으리라 '고라신'아! 화 있으리라 '벳새다'야! 너희에게 행한 모든 권능을 '두로'와 '시돈'에서 행하였더라면 그들이 벌써 베옷을 입고 재에 앉아 회개하였으리라.…… '가버나움'아! 네가 하늘까지 높아지겠느냐. 음부에까지 낮아지리라, 네게 행한 모든 권능을 소돔에서 행하였더라면 그 성이 오늘까지 있었으리라."(마11:21~23)

예수께서 연민에 찬 통탄에 귀 먹어서 그랬나. 회개는 뭔 회개인가. 사랑받기 위해 태어난 우리에게 병 고쳐 주고 오병이어로 먹이신 사랑의 하나님, 나의 처지 위로하시고 승리케 하시는 예수님은 '호산나'를 높이 부를 우리의 왕이시지. 그래서 오늘날로 말하자면 번영신학, 해방신학, 민중신학 사회복음주의 호산나를 목청껏 불렀던 거다.

그래, 예루살렘 성 앞에서 눈물을 흘리며 비통해하는 나약한 예수는 그리스도가 아니었지. 부조리하고 불평등한 사회의 변혁을 위해 민중의 혁명가로 살다 가셨으니, 그래서 그런 예수의 삶을 본받아 이 땅에서 정의가 실현되는 하나님 나라를 건설하리라 굳게 믿고 제자로 나섰던 거지.

그 기치를 높이 들고 열심당 동지들은 대동단결해서 로마와 죽도록 싸웠으나, 애석하게도 예수께서 그들에게 오심은 그렇게 어긋났다.

"예루살렘아, 예루살렘아. 선지자들을 죽이고 네게 파송된 자들을 돌로 치는 자여, 암탉이 그 새끼를 날개 아래에 모음같이 내가 네 자녀를 모으려 한 일이 몇 번이더냐? 그러나 너희가 원하지 이니 하였도다. 보라! 너희 집이 황폐하여 버려진바 되리라"(마23:37-38, 눅13:34-35)

그들이 종국에는 로마에 의해 무참히 학살되고 산으로 달아났던 백성들의 신앙은 멸망한 유대 땅을 차지한 '블레셋', '암몬', '모압', '에돔', '베니게' 온갖 가나안 족속들의 이슬람 교리에 빨려들어 자신들을 찌르는 2000년의 비수가 되었다.

그런가 하면 노예로 끌려가서 살던 그들의 후손은 유럽 각지 제한된 구역(ghetto)에서 2천년 가까이 온갖 학대와 학살을 당하하고도 기적같이 명맥을 잇더니, 1948년에 가까스로 이스라엘국가를 재건했다.

그 사이에 로마가 기독교를 국교로 공포하고는 주교들이 예수께서 매달린 십자가 고상苦像을 규圭에 붙여 들고 다니더니만, 어느새 개혁교회의 많고 많은 교인들 마음속에는 그 고상 너머 금송아지가 들어앉은 현실을 부인해야 하나.

예수께서 나를 따르려거든 자기를 부인하고 자기 십자가를 지고 따를 것이라고 하셨건만, 그리스도와 함께 못 박힘 없이 자신 의지만으로도 자기 부인이 가능해서 스스로 성화를 이뤄보겠다니. 예수께서 거듭나야 한다는 말씀에 '니고데모'가 반문했다. "어머니 배 속에 들어갔다 다시 나온다고요?" 흙으로 돌아간 아담 따라 육으로 난 자가 성령과 연합의 그 신비를 몰라서 물었던 거다.

예수께서 백성들의 죄 짐을 지고 죽으려다는, 그런 말씀 마시고 어서 입성해서 자신들의 소원을 이뤄달라고 호산나를 외쳤던 건데, 그들의 열광에 부응하지 않았다. 그들이 종려나무 가지를 쥐고 흔들던 손은 치올리는 주먹이 되었고, 호산나 함성은 십자가에 못 박아 죽이라는 고함으로 돌변했다.

그 기세에 눌린 빌라도는 형틀에 매달아 참람한 대관식이 거행되었으나, 곧 부활하셨다. 과연 사망 권세에 눌리실 그리스도는 아니셨다. 그래, 부활신앙이다. 그 신앙에 그리스도와 함께 죽는 고난을 까맣게 잊을 수 있었던 거다.

■ 결문

제사장적 소명으로서 예술

예술에 관해서

예술은 인간에게 내재된 창조성의 발로로서 하나님의 영화로움을 즐거워하고 구원의 은총을 묵상케 하는 창조적 행위와 그 산물이다. 샤갈이나 루오, 렘브란트 작품들이 그 같다고 해서 유대교 미술, 가톨릭 미술, 기독교 미술이라 하지 않는다. 그렇듯이 베토벤의 합창교향곡을 기독교 음악이라거나, 톨스토이나 도스토예프스키, 앙드레지드 같은 문학가들이 성경적 구원을 다뤘다고 해서 그 작품들을 기독교 문학이라 하지 않는다.

같은 맥락에서 '기독교 미술'은, 중세 문맹 시대에 신앙 강화 목적으로 제작된 회화와 조소를 비롯한 모든 조형물을 규정하는 용어다. 그 중에 신앙과 흠숭의 대상을 형상화 한 회화와 조소가 이른바 '성 화상(icon)'이다. 그렇다면 종교마다 흠숭하는 대상의 형상도 그 나름의 '성 화상'이다.

그렇듯이 기독교 미술은 타종교 미술에 대한 상대적 개념으로서 교회에 종속된 예술이다. 그럼에도 오늘날 '기독교 미술'을 표방하는 작업이나, 또는 '현대적 성화'라는 표제로 중세미술의 맥을 잇듯 한다면, 예술 본연의 기능 상실은 필연적 현상이다.

사사시대 '기드온'이 모시듯 걸어놓고 백성들과 흠모했던 '황금의 에봇'처럼, 필경에는 성경 계시의 호도와 진리의 오도로 귀결되기 때문이다.

예술가의 소임

인간은 하나님의 형상적 존재로서 하나님께 의존적이다. 신앙의 대상이 창조주인가, 자연 범 신인가, 인간 자신인가 하는 점이 다를 뿐, 본성에 내재된 종교성은 동일하다. 그러므로 인간은 창조주 형상이라는 인식에서 지고한 경지의 예술이 표출될 때, 그 행위와 산물은 창조주와 인간 사이를 잇는 제의祭儀와도 같다.

그런 점에서 문학, 음악, 미술, 또는 무용, 연극, 영화라는 표현 양식은 달라도 창조주의 경이로운 세계와 그 은총의 예술적 표현이 시대를 초월해서 만인의 영혼을 일깨우고 전율케 한다면, 그것만으로도 그들은 제사장적 소임을 다한 것이다.

일천 년 장구한 세월을 거치며 중세교회를 찬란하게 장식했던 것은 미술이다. 개혁교회는 '오직 성경'으로 돌아가야 한다는 전제 하에 미술만큼은 철저히 배격했다. 그 결과로써 미술가들을 육성하고 후원했던 풍토는 일소되었고, 1세기가 지나면서 획기적인 인쇄술 발달로 개혁교회 진영에서는 삽화가 첨가된 성경이 일반화되었다.

'성화'로 일컫던 중세교회 미술과는 전혀 다른 양식의 미술이 성행했던 그 시대에 두각을 드러낸 화가로서 '렘브란트'의 작품은 개혁교회의 소중한 유산이다.

그러나 그 후 4세기가 지나는 동안 서구사상을 지배했던 계몽주의 여파로 인해 개혁신앙이 만개했던 미국에서도, 복음이 들어온 지 1세기가 지난 한국교회에서도 그 맥을 잇지 못했다.

미국의 미술은 오늘날 해체주의를 주도하며 포스트모더니즘의 기수가 되었는가 하면, 교회미술은 번영주의 저변에서 감성적인 그리스도상과 상투적인 이미지화로 교회 주변을 맴돌고 있는 실정이다. 그런 시대적 배경에서 예술가들이 세상으로 들어가 만인의 심령을 일깨우는 작업을 기대하기는 요원하다.

예술론이나 미학의 연구가 전무한 교회의 신학풍토에서 성경이 계시하는 '구속사적 메시지'의 시각화 작업은 교회에서조차 시야 밖이다. 생경한 그 작업은 신학적 통찰과 문학적 이해에 따른 치밀한 구성과 고도의 묘사력이 요구된다. 그런 난제에 더해 만인을 품고자 하는 교회 강단의 보편 구원론적인 메시지 확산은 또 하나의 난제다.

그렇듯 암담한 현실에서 문학과 미술의 구속사적 메시지 작업은 여전히 미개척 영역일 뿐더러, 미래적 현실 전망 또한 절망적이다. 그 이유는, 그리스도의 재림은 더욱 어두워질 미래 세상의 묵시이기 때문이다.

그러므로 하나님의 한없는 사랑과 가시 돋친 세상의 연결점에 서야 하는 제사장적 소명은, 강단 설교자뿐만 아니라 예술가에게조차 거부할 수 없는 순명이다. 그러한 인식 부재가 오늘날같이 하나님 영광의 자리에 예술가가 영광을 드러내고 대중은 그것을 즐거워하며 열광하는 세상에 대해 무심하거나 무력감에 빠지는 원인이다.

그렇듯이 모든 예술가들이 인생을 위한 예술이나, 예술을 위한 예술가로서나, 자기영광의 예술로써 세상으로부터 찬사 속에 살고자 꿈꿀 때, 하나님의 종들은 오히려 부단히 씨를 뿌리는 자로 울며 살아가는 비운의 인생이다. 그 소명에 때로는 '호렙 산'으로 달아난 엘리야처럼 세상을 등지고 돌아앉아 독백을 하기도 한다.

'아무래도 나 혼자뿐인 것 같으니, 이쯤에서 그만 죽었으면…….'

"그렇지 않아, 칠천이나 남겨뒀어." 그 말씀이 그토록 듣고 싶어서였던 거다.

그런 까닭에 입을 열지 않으면 고통스러워 애절히 그림을 그리다가도 어쭙잖은 글을 쓰곤 하는 것이다.

■ 평설

황학만 화백의 작품을 바라보며

정성구_ 전 총신대 총장/신학박사/철학박사

나는 1970년 초부터 5년간 화란 뿌라야대학에서 신학을 공부하는 동안 미술사학의 권위자 한스 로끄마커(Hans Rookmaaker) 박사가 이끄는 라브리쉽에서 공부한 적이 있다. 그때 로끄마커 박사의 강의를 들었던 것 중에 지금도 기억나는 것은, '예술에는 중립이 없고 반드시 예술가의 인격과 사상과 삶이 배어나온다'는 것이다. 그렇다고 볼 때 황학만 화백은 일반적인 화가와는 사뭇 다른 점이 있다. 그의 화폭을 들여다보고 있노라면 한편의 설교를 듣는 느낌이 든다.

그의 화폭에는 섬세하면서도 분명한 메시지가 반드시 담겨 있다. 그것은 그가 그토록 말하고 싶었던 예수의 고난과 죽음과 부활이다. 그것은 곧 복음이다. 설교자가 강단에서 잔잔한 메시지를 말하다가도 때로는 폭포수처럼 토해내듯이, 그는 붓끝으로 색깔과 선을 그어 우리에게 위대한 메시지를 전해주고 있다.

대개의 미술이 인간과 자연예찬이거나 인간의 실존적 물음을 던지는 휴머니즘에 기초한 것이지만, 황학만 화백의 작품은 하나님 사랑을 담아내고 있어서 참으로 은혜롭고 감동적이다. 황학만 화백은 일반적인 기독교 화가와도 다른 점이 있다.

흔히들 기독교 화가라 하면서 십자가 형상이나 성경을 어설프게 연결시켜 놓고 강제적으로 의미를 부여하는 것과는 차원이 다르다는 점이다.

황학만 화백은 성경의 메시지와 오늘의 상황, 즉 그 때(Then)와 지금(Now)을 연결시키는 다리를 놓고 있다. 그는 2천년, 3천년 전의 계시를 오늘의 삶 속에서 바라보도록 이끌며, 오늘의 십자가 앞에 가져와 말씀의 빛으로 다시 조명해 준다. 그것이 바로 현재의 질박한 창틀 너머로 골고다를 바라보게 함으로써 구원의 메시지를 던지는 그의 화법이다.

특히 그의 걸작 중 《유월절 마지막 만찬》은, 그 앞에 투명한 유리잔을 여러 개 병치함으로써 그림을 보는 이로 하여금 은연중에 "나의 잔은 어느 것일까?" 하는 심적 동요를 유발케 한다. 마치 '렘브란트'의 작품 속에 반드시 자기 모습이 있듯이 그의 그림 속으로 모든 사람을 끌어들여서 은총의 보좌에 서게 하는, 실로 전율을 느끼게 하는 작품이다.

■ 저자 소개

황 학 만 HWANG HAK-NAN

〈한국, 이태리, 캐나다. 일본, 미국〉에서 61회 개인전을 통해 〈가시면류관〉 〈제 6시의 묵상〉 〈겟세마네의 밤〉 〈부활하는 갈릴리의 아침〉 〈베로니카의 손수건〉 〈묵상의 공간〉 〈십자가의 길〉 등, 성경메시지의 시각화작품 발표. 제1회 경기미술상, 제 6회 이형전미술상, 제 52, 54회 일본현대미술가협회전 작품상, 2023년 대한민국기독교문화예술 대상(미술부문)을 수상했고. 성서에세이집 〈골고다에 핀 나팔꽃〉 〈아사셀을 위한 염소〉. 詩 해설집 〈나비의 기도〉 〈물의 기억〉 〈나팔꽃〉 등의 저술과 교계신문 필진, 강연 등의 활동을 하고 있다.

yesurin3@naver.com